VENDAS
NÃO OCORREM POR ACASO

CB061598

THIAGO CONCER

CRIADOR DO MOVIMENTO #ORGULHODESERVENDEDOR
E MAIOR PALESTRANTE DE VENDAS DO BRASIL | OSV

EDIÇÃO AMPLIADA E ATUALIZADA

VENDAS NÃO OCORREM POR ACASO

O GUIA DE VENDAS DA EQUIPE COMERCIAL

ALTA BOOKS
EDITORA

Rio de Janeiro, 2021

Vendas Não Ocorrem por Acaso
Copyright © 2021 da Starlin Alta Editora e Consultoria Eireli. ISBN: 978-65-5520-324-0

Todos os direitos estão reservados e protegidos por Lei. Nenhuma parte deste livro, sem autorização prévia por escrito da editora, poderá ser reproduzida ou transmitida. A violação dos Direitos Autorais é crime estabelecido na Lei nº 9.610/98 e com punição de acordo com o artigo 184 do Código Penal.

A editora não se responsabiliza pelo conteúdo da obra, formulada exclusivamente pelo(s) autor(es).

Marcas Registradas: Todos os termos mencionados e reconhecidos como Marca Registrada e/ou Comercial são de responsabilidade de seus proprietários. A editora informa não estar associada a nenhum produto e/ou fornecedor apresentado no livro.

Impresso no Brasil — 1ª Edição, 2021 — Edição revisada conforme o Acordo Ortográfico da Língua Portuguesa de 2009.

| **Produção Editorial**
Editora Alta Books

Gerência Editorial
Anderson Vieira

Gerência Comercial
Daniele Fonseca

Equipe Editorial
Ian Verçosa
Juliana de Oliveira
Luana Goulart
Maria de Lourdes Borges
Raquel Porto

Produção Textual
Carolina Gaio | **Produtor Editorial**
Illysabelle Trajano

Thales Silva
Thiê Alves

Revisão Gramatical
Fernanda Lutfi
Hellen Suzuki | **Equipe de Marketing**
Livia Carvalho
Gabriela Carvalho
marketing@altabooks.com.br

Coordenação de Eventos
Viviane Paiva
eventos@altabooks.com.br

Equipe de Design
Larissa Lima
Marcelli Ferreira
Paulo Gomes

Capa | Projeto Gráfico
Larissa Lima | **Editor de Aquisição**
José Rugeri
j.rugeri@altabooks.com.br

Equipe Comercial
Daiana Costa
Daniel Leal
Kaique Luiz
Tairone Oliveira
Vanessa Leite

Diagramação
Joyce Matos |

Publique seu livro com a Alta Books. Para mais informações envie um e-mail para autoria@altabooks.com.br
Obra disponível para venda corporativa e/ou personalizada. Para mais informações, fale com projetos@altabooks.com.br

Erratas e arquivos de apoio: No site da editora relatamos, com a devida correção, qualquer erro encontrado em nossos livros, bem como disponibilizamos arquivos de apoio se aplicáveis à obra em questão.

Acesse o site www.altabooks.com.br e procure pelo título do livro desejado para ter acesso às erratas, aos arquivos de apoio e/ou a outros conteúdos aplicáveis à obra.

Suporte Técnico: A obra é comercializada na forma em que está, sem direito a suporte técnico ou orientação pessoal/exclusiva ao leitor.

A editora não se responsabiliza pela manutenção, atualização e idioma dos sites referidos pelos autores nesta obra.

Ouvidoria: ouvidoria@altabooks.com.br

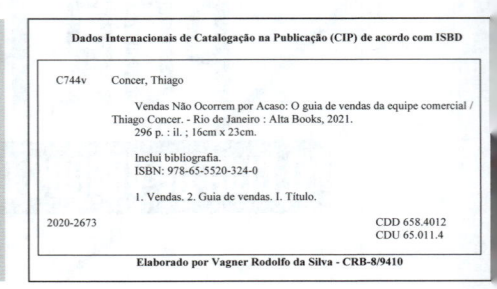

Dados Internacionais de Catalogação na Publicação (CIP) de acordo com ISBD

C744v   Concer, Thiago
            Vendas Não Ocorrem por Acaso: O guia de vendas da equipe comercial / Thiago Concer. - Rio de Janeiro : Alta Books, 2021.
            296 p. : il. ; 16cm x 23cm.

            Inclui bibliografia.
            ISBN: 978-65-5520-324-0

            1. Vendas. 2. Guia de vendas. I. Título.

2020-2673   CDD 658.4012
                                                                 CDU 65.011.4

Elaborado por Vagner Rodolfo da Silva - CRB-8/9410

Rua Viúva Cláudio, 291 — Bairro Industrial do Jacaré
CEP: 20.970-281 — Rio de Janeiro (RJ)
Tels.: (21) 3278-8069 / 3278-8419
www.altabooks.com.br — altabooks@altabooks.com.br
www.facebook.com/altabooks — www.instagram.com/altabooks

ALTA BOOKS EDITORA

ASSOCIADO CBL Câmara Brasileira do Livro

A todos os gestores e vendedores que buscam melhorar, aprimorar e inovar sua maneira de vender.

THIAGO CONCER

Palestrante e treinador de vendas mais contratado do Brasil, criador e líder do movimento **OSV – Orgulho de Ser Vendedor** e líder em vendas, gestão e liderança.

@THIAGOCONCEROFICIAL

POSTE UMA FOTO COM O LIVRO E MARQUE O AUTOR E A HASHTAG #ORGULHODESERVENDEDOR

in THIAGO CONCER

▶ THIAGO CONCER

WWW.THIAGOCONCER.COM.BR

CONHEÇA OS ENTREVISTADOS

GUSTAVO MOTA

Especialista em branding e marketing digital, Fundador e CEO da **We Do Logos**

📷 @GUSTAVOMOTARJ   in GUSTAVO MOTA

LUIZ GAZIRI

Autor, palestrante e um dos pensadores mais provocativos da geração atual

📷 @LUIZGAZIRI   in LUIZ GAZIRI

CONTEÚDO EXTRA
Acesse o QR Code e confira entrevistas exclusivas.

SUMÁRIO

1 PLANEJANDO A ESTRATÉGIA E A ESTRUTURA DA FORÇA DE VENDAS 4

A estrutura da força de vendas é definida de acordo com a quantidade e a complexidade da linha de produtos/serviços que essa empresa possui.

2 DEFININDO O TAMANHO DA FORÇA DE VENDAS 20

A definição do tamanho da força de vendas é outro fator decisivo para o sucesso de sua empresa.

3 RECRUTANDO OS CAMPEÕES 50

Uma das maiores habilidades do ser humano é a capacidade de aprender e reaprender com suas experiências e a dos outros.

4 REMUNERAÇÃO DOS VENDEDORES: COMISSÃO FIXA OU MISTA? 84

Um item essencial para a contratação de um bom vendedor é a compensação financeira, ou seja, a maneira como o vendedor ganhará seu dinheiro.
Conteúdo extra: Entrevista exclusiva com Luiz Gaziri

5 DEVERES X DIREITOS 96

Todos nós, como cidadãos, temos direitos e deveres que devem ser cumpridos a qualquer custo; caso contrário, ficamos automaticamente sujeitos a punições.

6 SUPERVISIONANDO/GERENCIANDO OS VENDEDORES 106

Até agora definimos para quem eu vendo, o tamanho da força de vendas, como fazer o recrutamento dos vendedores, a remuneração dos vendedores e seus direitos e deveres.

7 DEMITIR — 126

Tão importante quanto saber contratar é saber dispensar quem não está comprometido e/ou não se encaixou no perfil da empresa ou, até mesmo, quando é necessário enxugar o quadro de funcionários.

8 AÇÕES DE GERENCIAMENTO QUE REALMENTE FUNCIONAM — 136

Ações que funcionam são aquelas que "provocam", "incomodam", que tiram o vendedor da zona de conforto.

9 POR QUE OS CLIENTES COMPRAM: MEDO OU PRAZER? — 196

As pessoas compram por dois motivos: prazer de realizar algum sonho ou satisfazer alguma necessidade ou medo de perder uma boa chance e não ter prazer.
Conteúdo extra: Entrevista exclusiva com Gustavo Mota

10 REUNIÕES DE VENDA: QUANDO E COMO? — 224

Primeiramente, qualquer reunião de vendas, seja ela para um "puxão de orelhas" ou para incentivar a equipe, deve ser extremamente intensa, com energia e entusiasmo.

11 PADRÃO DE COMPORTAMENTO DO GESTOR — 244

Mais devastador do que um vendedor que desgasta o grupo é um gerente que desgasta a equipe.

12 O VENDEDOR — 264

O vendedor campeão é uma fonte de energia automotivadora. Ele vai mais longe depois de estar cansado!

REFERÊNCIAS BIBLIOGRÁFICAS — 280

AGRADECIMENTOS

Antes de qualquer coisa, gostaria de agradecer pelo amor incondicional de meus pais, Jenny e Darvino, exemplos que moldaram meu caráter e me proporcionaram todas as possibilidades de conhecimento. Fontes de sabedoria e carinho. Agradeço à minha esposa, Flávia, por acreditar neste projeto e ter paciência, pois escrever este livro me fez abrir mão de muitas coisas! Sem vocês, não teria sido possível.

Agradecer é sempre algo muito delicado, afinal em algum momento você poderá cometer a injustiça de esquecer alguém que o ajudou em algum momento.

No meu caso, tive a ajuda de quase todos que passaram por minha vida. Tenho um pedaço de todos que me fizeram aprender o que fazer e o que não fazer em vendas. Agradeço àqueles gestores que me ensinaram o que **NÃO** fazer em vendas; agradeço aos clientes que me deram calote; aos diretores que me passaram a perna e ensinaram como não gerir uma empresa; e aos muitos políticos que ensinam todos os dias como não tratar aqueles que lhes deram o voto de confiança!

Mas agradeço também aos gestores que me ensinaram o que é organização, visão, cobrança, responsabilidade; aos meus clientes que sempre foram fiéis e bons pagadores; aos diretores que acreditaram no meu potencial; e aos poucos políticos que deram o exemplo de civilidade e confiança. Afinal, a vida é assim, feita de bons e maus exemplos, altos e baixos, derrotas e vitórias. Feliz aquele que souber fazer das vitórias ânimo para seguir em frente, e das derrotas, um aprendizado para toda a vida.

E um muito obrigado especial a **VOCÊ**, que confiou em mim e está lendo este livro!

APRESENTAÇÃO

Todos os dias, milhares de vendas ocorrem em todo o mundo, seja a venda de navios, turbinas de aviões ou mesmo a de uma fruta em uma pequena quitanda.

Na mesma proporção, ou até mesmo em uma maior, vendas são perdidas. Milhares e milhares de vendas são deixadas para depois, para o sócio decidir; são perdidas para aquele cliente que está "dando só uma olhadinha"; vendas quase certas e até mesmo "desvendas" (quem já foi comprar algo especialmente em uma loja e saiu de lá sem comprar?). Atendimentos aterrorizantes, sem interesse; vendedores sem motivação; gestores perdidos ou "fossilizados" (parados no tempo); tudo isso impede que se crie uma equipe **FORA DE SÉRIE** em vendas. O sucesso em vendas é um somatório de inúmeros fatores, como motivação, entusiasmo, planejamento, foco, ambiente, estratégia, controle e técnica; e, como você pode imaginar, não é fácil alcançá-lo. Neste livro, compartilho dicas, exemplos e vivências minhas e dos principais especialistas em vendas do Brasil e do mundo. São alternativas para recrutar, treinar e estabelecer uma equipe campeã, que obtenha resultados acima da média.

Você vai aprender, de forma muito prática, como conseguir um processo de excelência em vendas por meio dos passos de venda. Com isso, será quase impossível você perder uma boa oportunidade de negócios.

Já trabalhei como supervisor, gerente de marketing e gerente de vendas, mas, principalmente, sou **VENDEDOR**! Conheço os dois lados da moeda. Por isso, este livro foi escrito para gestores e vendedores, em um formato de "livro de consulta". Se você é gestor, leia e aumente seu repertório de gestão; se é vendedor, veja todos os passos e descubra como alcançar o sucesso.

Pegue todas as dicas e técnicas apresentadas nesta obra e vá para cima, que é isso o que importa!

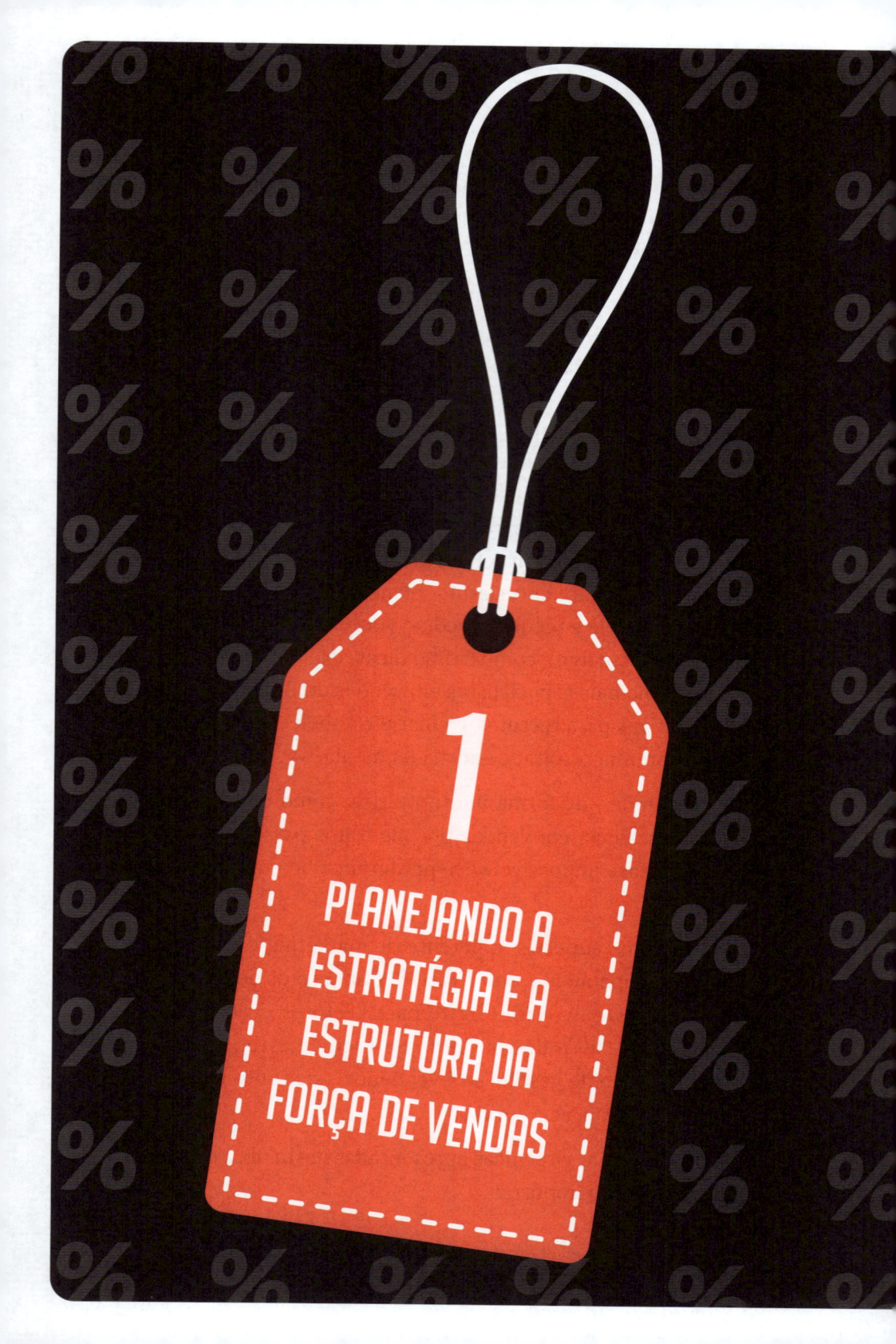

1
PLANEJANDO A ESTRATÉGIA E A ESTRUTURA DA FORÇA DE VENDAS

Uma informação que repetirei com frequência no livro diz respeito aos planejamentos e às ações "sustentáveis" dos gestores e vendedores. Sustentáveis, uma vez que, para que um gestor ou vendedor seja considerado um verdadeiro profissional de vendas, é preciso vender, no mínimo, mais de uma vez para o mesmo cliente. Isso define o novo gestor e o novo vendedor 3.0. A sustentabilidade em questão também se deve ao fato de esses profissionais saberem ganhar e, ao mesmo tempo, fazer com que seus clientes ganhem. Esse tipo de preocupação faz com que a sua empresa evolua e, ao mesmo tempo, ajuda o cliente a evoluir. Para isso, basta mudar o foco da pergunta:

DE: O que eu posso te vender?

PARA: O que meu produto/serviço pode trazer de retorno para sua empresa?

Se uma empresa conseguir responder a essa questão e deixá-la muito clara para seus clientes, possivelmente, terá muito mais facilidade para vender e, em consequência disso, terá um lucro muito maior.

A mudança na "cultura" de vender da empresa é o primeiro passo para criar uma equipe de vendas "fora de série". Ou você vende algo único e que é de interesse de algum grupo, ou você é mais um que precisa criar meios e dispositivos para se destacar e vender mais.

Para iniciarmos a construção desses diferenciais, precisamos definir e montar a nossa estrutura de vendas. Vamos entendê-la e ver qual é a melhor para a sua empresa e seu produto/serviço.

» OS 4 TIPOS DE ESTRUTURA DE FORÇA DE VENDAS — QUAL USAR?

A estrutura da força de vendas é definida de acordo com a quantidade e a complexidade da linha de produtos/serviços que essa empresa possui. A definição de qual força de vendas usar é que dará o parâmetro para a quantidade e o perfil dos vendedores a serem contratados.

Não existe uma força de vendas mais ou menos perfeita. O que existe é uma adequação da estrutura, de acordo com as necessidades da empresa.

Assim, existem quatro tipos de estrutura a serem usados:

1. Estrutura de força de vendas **PRODUTO/SERVIÇO**;
2. Estrutura de força de vendas por **CLIENTE**;
3. Estrutura de força de vendas por **TERRITÓRIO**;
4. Estrutura de força de vendas **COMPLEXA**.

Estrutura de força de vendas por PRODUTO/SERVIÇO

Quando a empresa possui muitos produtos/serviços complexos. Por exemplo: uma linha com produtos para o consumo final e outra para consumo industrial/profissional (como é o caso da Johnson & Johnson).

Estrutura de força de vendas por CLIENTE

Pode ser dividida por contas (grandes, médias e pequenas), e a empresa terá um perfil de vendedor para cada conta. Por exemplo: bancos possuem gerentes jurídicos dependendo de seu faturamento (até 2 milhões, até 10 milhões etc., por exemplo).

Estrutura de força de vendas por TERRITÓRIO

Cada vendedor tem seu território geográfico (cidade/região/estado) para vender toda a linha de produtos/serviços e é apoiado por um número maior de hierarquias gerenciais. Também possui um número de produtos/serviços reduzido.

Estrutura COMPLEXA de vendas

Nesta opção, é possível combinar a estrutura cliente/produto, território/produto ou território/cliente.

Porém, independentemente do tipo de estrutura escolhida, é preciso lembrar que, cada vez mais, as vendas contam com o apoio de equipes que fazem parte deste processo e que isso influencia diretamente a montagem da estrutura da força de vendas. Muitas empresas estão deixando nas mãos dos vendedores somente a prospecção e a abordagem das vendas, passando os trâmites burocráticos para uma equipe interna.

Quando fui gerente comercial, os vendedores faziam somente as vendas, deixando os serviços de pós-venda e de prospecção para dentro da empresa. Isso foi excelente para mim, mas, para que isso aconteça, o gerente deve conhecer muito bem sua equipe; caso contrário, o vendedor pode vender de qualquer jeito, afinal, não será ele quem fará o pós-venda.

Esta equipe interna também é responsável pelo apoio com pós-vendas, assistência técnica, verificação de crédito e acompanhamento da entrega. Mesmo em vendas receptivas, como a de automóveis ou de grandes magazines, o vendedor faz a venda e depois passa para o profissional do financiamento ou do crediário.

De acordo com Kotler:

> "A força de vendas interna poupa tempo para os vendedores externos, a fim de que eles vendam para grandes contas e procurem novos clientes potenciais importantes."

Você sabia que 70% das empresas no Brasil fecham nos primeiros 4 anos de funcionamento? Esse número, infelizmente, reflete o jeito de o brasileiro organizar suas atividades. Em raríssimas oportunidades se faz um planejamento estratégico das ações, e, quando chega a parte das vendas, o resultado é o mesmo: desastroso.

⚠️ **IMPORTANTE**
Quanto mais se investe em planejamento, menos se gasta com vendas!

> "Na realidade, a venda é uma consequência da harmonia das partes do fluxograma sistêmico de uma empresa. Havendo essa congruência, chega-se à ação de vendas propriamente dita. Para criar, organizar, executar e avaliar é preciso um planejamento de vendas."
>
> *Thiago Concer*

❱❱ EQUIPE X AMBIENTE COMPETITIVO

Muito se fala a respeito da gestão das equipes de venda, mas pouco se fala sobre os ambientes competitivos, que, em alguns casos, são muito mais adequados.

Assim como as técnicas de vendas e as estratégias de gestão de equipes variam de acordo com o setor e a forma de atuação da empresa, a configuração da equipe não é diferente.

Em alguns ambientes, o trabalho em equipe é extremamente necessário para conquista de resultados, que são obtidos segundo o desempenho **coletivo**. Agora, em outros contextos, uma configuração que estimule a competitividade interna é mais interessante, por dar ênfase aos resultados **individuais**.

Escrevi este capítulo com o intuito de responder às seguintes perguntas:

- Como usar a ética nas vendas para aumentar seu rendimento?
- Até que ponto é válida a competitividade entre os vendedores?
- Quais as vantagens e desvantagens da competição no ambiente de trabalho?

- Como trabalhar com vendas, se seu time tem mais de uma voz?
- O que um gerente de vendas precisa fazer para tirar maior proveito do trabalho em equipe?

Como disse, cada caso é um caso. Tudo vai depender do seu empreendimento e da forma como você o conduz. Lembre-se sempre de que não existe uma configuração perfeita, mas sim aquela que funciona melhor para você.

Enfim, vamos às respostas dessas perguntas.

» COMO USAR A ÉTICA NAS VENDAS PARA AUMENTAR SEU RENDIMENTO?

É muito comum que os ambientes de vendas sejam competitivos, dada a natureza do mercado. Entre um grupo de clientes, os vendedores correm para se diferenciar e sair na frente da maioria. Este caminho é comum, mas nem sempre é o melhor a seguir.

Em alguns contextos, a competição interna funciona melhor, principalmente quando a empresa é líder de mercado. Quando não há com quem concorrer, a competitividade interna tende a ser maior e, nesse caso, até saudável.

O problema acontece quando essa competitividade interna ultrapassa os limites do funcional. O ambiente de vendas converge para a competição, e é por isso que você, gestor, deve ficar atento. Se esse é o objetivo, ótimo. Caso contrário, trate de monitorar sua equipe, reforçando os valores e objetivos em comum.

Lembrando que, mesmo no caso de a competitividade ser positiva, é extremamente importante que haja **ética** entre os membros da sua equipe. As regras e os limites, além de bem consolidados, precisam estar claros para todos. Não existe nada mais negativo do que uma equipe desorganizada, que não sabe como trabalhar.

Cuidado também com a ganância na equipe quando o ambiente for mais competitivo. Infelizmente, é uma situação frequente ver as pessoas tentando se dar bem em cima das outras ou levar vantagem em alguma situação. Portanto, você, gestor, deve ficar atento para que isso não se torne um hábito e acabe virando a cultura da organização, pois a ganância é uma praga que se espalha muito rápido.

» ATÉ QUE PONTO É VÁLIDA A COMPETITIVIDADE ENTRE OS VENDEDORES?

A competitividade deve ser saudável. A questão é: O que exatamente torna a competitividade saudável, em vez de problemática?

Muitos fatores estão envolvidos nessa resposta. Alguns deles dizem respeito à forma como os vendedores vão se tratar entre si, mas isso depende, em maior parte, deles, e não da liderança.

A missão do gestor em um ambiente competitivo é estabelecer limites para que essa disputa não saia de controle. Acredite, é mais fácil de acontecer do que parece. É da natureza do ser humano disputar — isso fica bem evidente nos grandes campeonatos esportivos que vemos no Brasil e no mundo. Porém, quando se trata de vendas, precisamos ajustar essa rivalidade para que se adéque ao ambiente dos negócios.

O primeiro fator são os resultados. Perceba se a competitividade interna da sua equipe não está prejudicando as vendas. Se a resposta for afirmativa, talvez seja melhor abrir mão de metas individuais e passar a adotar **metas coletivas**, visto que a disputa real é pelos clientes.

O segundo fator é a qualidade do ambiente de trabalho. Se o cenário corporativo está caótico e você começa a sentir que ninguém mais aguenta olhar para a cara um do outro, é hora de estabelecer uma equipe. Poucas coisas são tão prejudiciais a uma empresa quanto um ambiente pesado, tanto no âmbito das atividades internas quanto na hora de lidar com o cliente.

Não existem milagres; tudo é uma questão de equilíbrio. Na maioria dos casos, alcançar um meio-termo é o ideal para reforçar o empenho de todos e minar o marasmo de uma equipe desmotivada.

Eis algumas coisas que você pode fazer para melhorar o relacionamento entre os vendedores e aumentar seu desempenho:

- Investir em treinamentos;
- Aumentar a rotatividade;
- Implementar mudanças no ambiente de trabalho;
- Fazer mais reuniões;
- Mudar o sistema de comissionamento.

» QUAIS AS VANTAGENS E DESVANTAGENS DA COMPETIÇÃO NO AMBIENTE DE TRABALHO?

Como falei, e você já deve ter percebido, competir é da natureza do ser humano. A intensidade varia, mas não existe ninguém que não goste de competir. Isso porque a necessidade de evoluir existe dentro de todos nós e é de suma importância para o bem-estar.

Pense, por exemplo, no que acontece quando alguém o desafia: por mais que você não esteja lá muito inclinado a "entrar no jogo", a provocação estimula imediatamente uma reação de provar que o desafiador está errado a seu respeito.

O lado positivo da competição é justamente este: estimular você a se SUPERAR. Se você é vendedor há algum tempo, sabe da importância que a autossuperação tem para o mundo dos negócios, cada vez mais dinâmico e exigente. Nesse sentido, a faísca da provocação causa um verdadeiro incêndio no vendedor, potencializando suas habilidades.

No "modo automático", fica muito complicado crescer. O caminho que leva a melhores resultados é tortuoso e, sem **motivação**, a tendência é a estagnação.

> "Acidentes são inesperados e indesejados, mas fazem parte da vida. No momento em que você se senta em um carro de corrida e está competindo para vencer, o segundo ou o terceiro lugar não satisfazem. Ou você se compromete com o objetivo da vitória ou não. Isso quer dizer: ou você corre ou não."
>
> *Ayrton Senna*

» COMO TRABALHAR COM VENDAS QUANDO SEU TIME TEM MAIS DE UMA VOZ?

A liderança, ainda que domine a competitividade na equipe, é importante para definir as diretrizes do conjunto. Sem ela, cada vendedor vai correr atrás daquilo que acha mais interessante para si mesmo; assim, você terá um monte de resultados diferentes do ideal.

Ter resultados diferentes é até interessante sob determinados aspectos, mas, no geral, só desorienta as atividades da equipe. Um fator que leva a esse problema, com frequência, é a ausência de liderança ou a existência de múltiplas lideranças.

No primeiro caso, como você já deve saber, se sua equipe não tem um líder, uma voz que dite as regras do jogo, cada um caminha por si e para onde bem entende. Não estou falando de uma figura autoritária que fica distribuindo ordens aleatórias, afinal, ser líder é muito mais do que isso.

É importante que exista um líder na equipe, tanto para coordenar as atividades quanto para definir o norte que todos deverão seguir. Sem ele, a configuração do ambiente fica desordenada e ineficaz.

Contudo, pior do que não haver líder é haver líderes demais. Tenha em mente que, dependendo do tamanho da sua equipe, dois líderes já é um número excessivo.

Isso se deve ao fato de que, quando existem vozes demais orientando as atividades coletivas, as ideias podem (como costuma acontecer) se chocar e gerar incoerência e atrito entre os membros.

Não existe necessidade de definir mais do que um líder para uma equipe. Isso porque, se você enxerga a necessidade de dois deles, talvez seja melhor dividir a equipe em dois também, com cada líder orientando um dos grupos.

É exatamente por isso que as organizações possuem **hierarquias**, para que cada setor seja coordenado por um responsável direto, facilitando o trabalho dos gerentes e executivos.

Em suma, é de extrema importância que toda equipe tenha liderança. Porém, se você definir líderes demais, os planos deles vão começar a se chocar e o efeito será o inverso: ainda menos coordenação.

❯❯ O QUE UM GERENTE DE VENDAS PRECISA FAZER PARA TIRAR MAIOR PROVEITO DO TRABALHO EM EQUIPE?

Se você optou por trabalhar de forma conjunta, vamos analisar alguns aspectos que diferenciam uma boa gestão de uma gestão **excepcional**.

Ser vendedor é ser competitivo por natureza. Embora o objetivo aqui não seja estimular essa competitividade, cabe ressaltar que essa é uma característica inerente a todo vendedor que esteja ou queira estar acima da média.

Justamente por isso, tem muito vendedor que se destaca dos demais e se vê no direito de ter benefícios maiores. Se você pretende consolidar uma equipe coerente e eficaz, precisa preservar o **espírito de equipe**, e atitudes desse tipo passam bem longe dele.

A partir do momento em que você estabelece essa configuração, ou todos perdem, ou todos ganham, **juntos**.

O foco aqui é fazer com que todos se engajem em um propósito comum, atendendo à definição de equipe. Do contrário, o que você vai ter é um grupo, com cada membro focado nos objetivos que ele mesmo definiu.

Vendedor bom precisa ainda se esforçar, se atualizar e buscar melhorias o tempo todo. É aí que você, gestor de excelência, entra para fazer a diferença.

As pessoas se enganam ao pensar que perdem quando ensinam. O que acontece, na verdade, é que se ganha em dobro. É exatamente esse sentimento de compartilhamento, de ensinar e aprender, que potencializa os resultados da equipe.

Seguem algumas dicas simples para orientar o trabalho em equipe de forma produtiva:

- Seja firme com vendedor preguiçoso;
- Não tolere desempenho medíocre na sua equipe;
- Ajude os vendedores de maneira prática no cotidiano, se possível;
- Mostre exatamente o que fazer;
- Dê feedbacks constantes.

» COMO TREINAR SEU TIME DE VENDAS PARA TRABALHAR EM EQUIPE

A primeira coisa que você precisa entender é a diferença entre **grupo** e **equipe**. Você já sabe? Que bom! Se não sabe, lá vai:

GRUPO	EQUIPE
⌄	⌄
Conjunto de pessoas com objetivos diferentes.	Conjunto de pessoas com objetivos iguais.

Simples, porém determinante. Deixe claro para a sua **equipe** de vendas que todos vão trabalhar **unidos**, a fim de conquistar os objetivos e as metas estipulados.

Essa tarefa pode apresentar mais dificuldade do que a simples definição, afinal, você está lidando com seres humanos, e não com definições e fórmulas. Então, a questão é: Como mudar o mindset do seu time e fazer com que todos trabalhem em conjunto? Vou lhe dar três dicas. Elas são:

1. Mostre que o inimigo comum está do outro lado;
2. Deixe claro que, ou todos ganham, ou todos perdem;
3. Estude problemas hipotéticos mediante cases.

Agora, vamos analisar cada uma.

1) Mostre que o inimigo está do outro lado

Com certeza, você já ouviu a famosa frase que diz: "O inimigo do meu inimigo é meu amigo." Bem, desnecessário explicar que em vendas não é diferente.

Essa primeira dica é essencial para que você, gestor de vendas, canalize a energia da competitividade interna para um único foco. Assim, seus vendedores voltarão o potencial de suas habilidades para o mesmo objetivo.

O essencial aqui é lembrar que esse inimigo comum deve ser **externo** à empresa, podendo até mesmo ser o cliente. A intenção é estabelecer a inconformidade com o não fechamento da venda, essencial para que os vendedores se tornem excepcionais.

Em suma, enfatize os objetivos comuns, para que seu time trabalhe em equipe.

2) Deixe claro que, ou todos ganham, ou todos perdem

Em alguns casos, é necessário definir metas individuais, mas, se a ênfase é o trabalho em equipe, essa estratégia será contraproducente.

Se determinado vendedor entrega seu trabalho, atinge os resultados esperados, bate as metas e não recebe comissão porque o resto da equipe não deu conta do recado, é certo de que ele ficará frustrado. Porém, seu objetivo não é satisfazer condições individuais, mas coletivas.

Para reforçar a coletividade, é importante que cada um esteja plenamente consciente de que integra algo muito maior, que é a equipe. Busque sempre fazer com que seus colaboradores sintam essa conexão, mesmo nas coisas mais simples e nos detalhes do cotidiano. Uma boa equipe é formada por membros que têm prazer em fazer parte dela.

Dessa forma, não só um ficará de olho no outro, como também a procrastinação e o tal do "corpo mole" vão provocar certo constrangimento em quem praticá-los. Esse feito é essencial para que a equipe funcione de maneira **integrada** e **eficaz**.

> Deixe bem claro que quem produz pouco não dura na sua equipe. E, mais essencial ainda, se for necessário, mande embora. Nada atrasa tanto o desempenho da sua empresa quanto aquele cara "encosto", que só quer saber de vida boa.

3) Estude problemas hipotéticos mediante cases

Primeiro, vamos entender o que é um case. Case ("caso", em inglês), como a tradução sugere, são casos de sucesso e fracasso, tanto da sua empresa quanto de outras, que servem para análise estratégica.

Mediante o estudo de cases, ou casos, você pode estudar novas estratégias com a sua equipe antes de praticá-las. O estudo desses casos serve para indicar o que fazer e o que não fazer, baseado em experiências prévias.

Além de facilitar a comunicação, esta ferramenta oferece resultados prévios, visto que os modelos estratégicos já foram implementados, e os efeitos, obtidos.

Você pode também criar cases se não encontrar nenhum que demonstre precisamente o que interessa a você e a sua equipe. Essa criação consiste, na verdade, na simulação de uma situação hipotética, com perguntas do tipo "o que você faria se...?".

> **Lembre-se de que você, gestor, é o mandachuva do pedaço. O resultado da equipe é reflexo da qualidade da liderança.**

2
DEFININDO O TAMANHO DA FORÇA DE VENDAS

A definição do tamanho da força de vendas é outro fator decisivo para o sucesso de sua empresa. Em busca de um número maior de vendas, é comum contratar mais vendedores, o que, por consequência, acaba aumentando os custos ou inchando o quadro de colaboradores. Esse *tamanho ideal da força de vendas* pode ser obtido por meio da já conhecida **abordagem da carga de trabalho**, proposta apresentada por Philip Kotler. Esse processo auxilia o dimensionamento do corpo de vendas.

Quando uma empresa tem que montar sua estratégia e sua força de vendas, ela se depara com algumas perguntas:

- De quantos vendedores/supervisores/gerentes eu vou precisar?
- Qual o perfil dos vendedores?
- Vendas por telefone, internet ou pessoal?
- Vendas por território, cliente ou produto?

Para responder a essas perguntas, primeiramente, é necessário levar em consideração a atividade à qual o seu produto/serviço atende, para que não haja:

EQUIPE INCHADA
- Pouca possibilidade de vendas para cada vendedor, já que a fatia está dividida em muitos pedaços;
- Consequente desmotivação;
- Se tiver salário fixo, alto custo de encargos trabalhistas e custos fixos mensais.

EQUIPE MUITO ENXUTA
- Números excessivos de clientes para cada vendedor;
- Perda de vendas, pois os vendedores não estão atendendo à demanda existente;
- Baixa qualidade nas vendas e atendimento deficiente;
- Baixa possibilidade de aumentar o *market share*;
- Número médio de visitas baixo.

⚠ **ATENÇÃO**

Aumentando o número de vendedores, aumenta a possibilidade de vender mais, porém crescem também os custos. O contrário é proporcional, diminuir o número de vendedores reduz a possibilidade de vendas — apenas se levarmos em consideração que todos os vendedores que temos são iguais. Veja se não compensa ter um vendedor nota 10, ao invés de dois ou três nota 5.

Portanto, o tamanho da força de vendas bem estabelecido é primordial para um processo de vendas eficaz. Certa vez, fizemos um levantamento de quantos contratos fechávamos tendo apenas um concorrente — ou, algumas vezes, nenhum. Esse número atingia mais de 30%, um absurdo, sendo que naquele mercado, especificamente, havia cinco empresas atendendo a região.

Isso ocorria porque as empresas concorrentes não possuíam o número correto de vendedores, não havia um número de funcionários que conseguisse atender a toda demanda. É incrível ainda passar por esse tipo de situação nos dias de hoje; porém, isso ocorre em muitos segmentos, pode ter certeza. Faça uma pequena conta: se a concorrência pegasse um terço dessa fatia, ela cresceria 10%, e isso é muita coisa! Além de perder dinheiro, a concorrência estava nos fortalecendo e dava dinheiro para a empresa que eu trabalhava, afinal, sem concorrência, muitas vezes, fechávamos o contrato sem precisar fazer nenhuma concessão.

» VAMOS ÀS CONTAS

Esse número deverá ser calculado de acordo com a necessidade de visitas e contatos que cada vendedor deve fazer, por isso é necessário que você conheça a fundo o mercado e as oportunidades. Em vendas, não existe mágica; você só vende mais se oferecer mais. Lembre-se do funil de vendas: quanto mais visitas, maior a possibilidade de vendas.

- 100 visitas
- 50 interessados
- 20 vendas

Sobre a importância de visitas, falaremos mais adiante. Vamos agora a dois exemplos para a montagem da força de vendas.

EXEMPLO 1

Você trabalha em uma empresa pequena, que tem uma carteira de 70 clientes. Cada cliente precisa ser visitado uma vez na semana, portanto, 4 vezes ao mês e 48 vezes ao ano.

Sendo assim, serão 70 (clientes) × 48 (visitas), chegando ao total de 3.360 visitas por ano.

Vamos supor que, no seu ramo, um vendedor trabalhe de segunda a sexta-feira e consiga fazer 3 visitas por dia. Na semana, serão 15 visitas; no mês, 60; e, no ano, 720. Contando com os feriados, podemos arredondar para 700 visitas por ano.

Se dividirmos o número de visitas/ano de todos os clientes (3.360) pelas visitas/ano de um vendedor (700), chegaremos a 4,8 vendedores, arredondando, **5 vendedores**.

EXEMPLO 2

Você trabalha em uma empresa que possui 650 clientes divididos por classes de lucro, compra de *mix* ou volume de vendas, sendo:

- 125 clientes OURO;
- 350 clientes PRATA;
- 175 clientes BRONZE.

O cliente OURO precisa ser visitado 48 vezes por ano (média de 4 visitas ao mês); o PRATA, 24 vezes ao ano (média de duas visitas ao mês); e o BRONZE, 12 visitas ao ano (média de uma visita por mês). De quantos vendedores vou precisar?

$$125 \times 48 = 6.000 \text{ visitas/ano}$$
$$350 \times 24 = 8.400 \text{ visitas/ano}$$
$$175 \times 12 = 2.100 \text{ visitas/ano}$$
$$\text{Total: } 16.500 \text{ visitas/ano}$$

Vamos considerar que a média anual de visitas dos vendedores seja de 1.100 visitas/ano (cerca de 4 a 5 visitas no dia).

$$16.500 \text{ dividido por } 1.100 = 15 \text{ vendedores}$$

NÃO SE ESQUEÇA: este número pode variar de acordo com:

- O mercado em que a empresa atua;
- A sazonalidade;
- O raio de atuação do vendedor;
- Se é o próprio vendedor que faz a pós-venda ou se existe uma equipe interna para isso;
- Se é o próprio vendedor que faz a prospecção;

- Se a venda for feita por telefone (televenda), a conta será a mesma; obviamente, o número de contato com clientes será maior;
- Perfil do cliente (existem clientes mais práticos, que fazem a venda ser mais rápida e, dependendo da quantidade de clientes com esse perfil, pode haver influência na quantidade de visitas no final do mês). Este é um dos motivos para a realização do relatório de vendas;
- Enfim, coloque todas as variáveis possíveis no seu segmento.

Outro fator que não poderá ser ignorado é a **QUALIDADE DO VENDEDOR**. É obvio que, para a empresa e para um gerente de vendas, o ideal é ter uma equipe formada apenas por vendedores nota 10, mas sabemos que, na realidade, isso é quase impossível. Quando definimos os números de vendedores por meio da *abordagem da carga de trabalho*, estamos colocando todos no mesmo nível, e isso só pode acontecer se você tiver vendedores com perfis e resultados bem próximos.

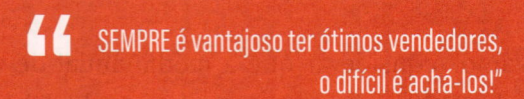

> "SEMPRE é vantajoso ter ótimos vendedores, o difícil é achá-los!"

Não se esqueça de que bons vendedores querem:

- Desafios;
- Bom ambiente de trabalho;
- Ferramentas adequadas;
- Possibilidade de crescimento;
- Possibilidades **REAIS** de **ÓTIMOS GANHOS**.

> Funcionário bom requer alto investimento!

▶▶ PARA QUAL CLIENTE DEVO DAR MAIS ATENÇÃO? E COMO? OTIMIZANDO O TEMPO DO VENDEDOR!

O vendedor é um profissional que possui muitas tarefas em sua atividade. Ele vende, agenda visita, faz relatório, monta display, espera para ser atendido e ainda precisa ter tempo para a sua principal função: **vender!**

Geralmente, o tempo do vendedor é dividido desta maneira:

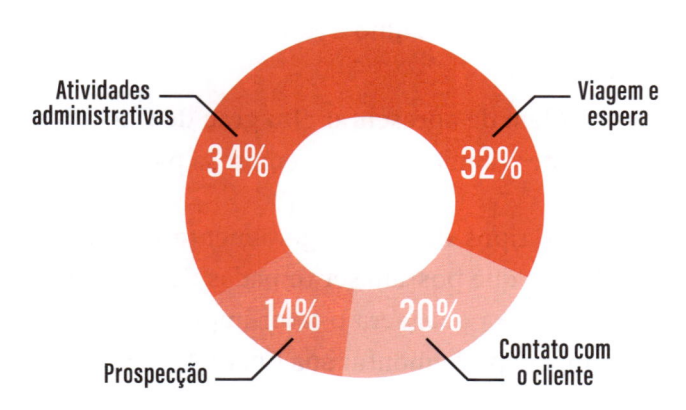

- Atividades administrativas — 34%
- Viagem e espera — 32%
- Contato com o cliente — 20%
- Prospecção — 14%

Esses números podem variar, mas não fugirão muito do que foi apresentado acima. Portanto, depois de definirmos o tamanho da força de vendas, temos que otimizar o trabalho desses vendedores, para que eles produzam mais em menos tempo.

A gestão do tempo é um dos pontos mais delicados quando tratamos de vendedores. Trabalhando como representante comercial, já fechei contrato à 1h da manhã (sim, de madrugada!), em um dia em que eu estava na rua desde 8h da manhã. Isso acontece muito com representantes que não possuem horário de trabalho predeterminado.

Gerenciar o tempo para que ele seja mais rentável é um desafio imenso para os vendedores, principalmente quando nos lembramos da lei de Pareto: 20% dos seus clientes trarão 80% do seu faturamento. Por isso, indico o sistema Curva ABC de Clientes para esse controle.

O primeiro passo para montar esta tabela de clientes é entender quais são os tipos de clientes:

1. **PROSPECT** – Trata-se de um cliente potencial para sua empresa;
2. **EVENTUAL** – Compra sem fidelidade um ou mais produtos de forma a atender necessidades ocasionais;
3. **REGULAR** – Está bem próximo à fidelidade, comprando produtos periodicamente;
4. **DEFENSOR** – Além de apresentar alto grau de fidelidade, compra regularmente e ainda divulga a empresa para terceiros.

Essa divisão de tipos de cliente geralmente é feita pelo faturamento mensal, para que possam ser tomadas decisões mais rápidas, e é você quem definirá qual será o fator importante para essa avaliação. Você também pode montar sua Curva ABC por lucratividade, recompra, compra de *mix*... enfim, a ideia da Curva ABC de Clientes é segmentar e trabalhar cada característica de forma individual.

Nessa divisão, temos os 20% mais rentáveis representados pela letra A; os 30% restantes, pela letra B; e os 50% finais, pela letra C. Você pode criar quantas letras (segmentações) achar necessário. Neste caso, poderia ser criada a letra D para clientes inativos.

Depois de selecionados, vamos montar uma tabela assim:

	A	B	C
DEFENSOR	1	2	3
REGULAR	1	2	3
EVENTUAL	2	2	3
PROSPECT	3	3	3

Se possui uma carteira equilibrada, é aconselhável dedicar em torno de 40% do seu tempo aos defensores e regulares, 30% aos eventuais, e os outros 30% a prospects.

Escreva os nomes das empresas ou dos clientes no quadrante ao qual eles pertencem e divida as ações que cada tipo receberá. Exemplo:

- Cliente 1 receberá visitas pessoais toda a semana;
- Cliente 2 receberá uma visita na primeira e na última semana do mês, uma ligação na segunda semana e um e-mail na terceira semana;
- Cliente 3 receberá um e-mail na primeira semana, uma visita na segunda semana e ligações na terceira e na quarta semana.

Esses são alguns exemplos simples que podem ser feitos, porém, a escolha do processo dependerá da lucratividade e da importância estratégica de cada cliente.

Monte sua Curva ABC com cada vendedor, pois isso ajudará a criar uma agenda de negócios eficiente e eficaz.

» MONTANDO UMA EQUIPE DE VENDAS EXTERNAS

Você pode montar uma equipe de vendas externas, distinguindo sua forma de atuação, para ter maior controle sobre as atividades e os resultados.

Uma equipe externa costuma funcionar muito bem se você vende em larga escala ou faz B2B, por exemplo. Considerando que o mais frequente, nesses casos, é o seu vendedor ir atrás do cliente, uma equipe de vendas externas pode ser mais eficaz.

Ou, então, se você vende tanto no varejo quanto no atacado, diferenciar as equipes de vendas entre interna (quem vai atender o cliente no estabelecimento, presencialmente) e externa (quem vai contatar e fechar vendas mais amplas com grandes consumidores) é outro contexto em que esse regime misto de equipes costuma funcionar bem.

Eis alguns dos principais objetivos e tarefas da equipe de vendas externas:

- Prospectar clientes;
- Elaborar estratégias inovadoras;
- Identificar diferentes possibilidades de atuar no mercado;
- Proporcionar uma perspectiva mais ampla;
- Fechar vendas maiores;
- Sugerir estratégias de marketing mais eficazes.

Ao montar sua equipe externa, existem dois princípios fundamentais dos quais você não pode se esquecer em hipótese alguma:

Ter cuidado na hora da contratação

Embora o mais comum seja contratar vendedores freelancers, que não possuem um vínculo direto com a sua empresa, ninguém gosta de sair perdendo. Por isso, atenha-se a critérios bem definidos na hora de contratar, para obter o desempenho máximo da equipe externa.

Se forem representantes comerciais, levante o que é indispensável para saber se vão trazer resultados. Exemplo:

- Quais outras empresas ele representa?
- Qual a área de atuação dele?
- Possui uma equipe (pré-posto, equipe de backoffice)?
- Como as outras representadas ajudarão a vender o seu produto?
- Quantos clientes ele tem na carteira dele que podem comprar o seu produto?
- Quantos clientes na área de atuação ainda não são seus clientes e podem comprar o seu produto?
- Qual o tamanho da área de atuação? Como ele gerencia essa área?

Treinar os vendedores

Não me canso de falar a respeito da importância de um bom treinamento para que você consiga aproveitar ao máximo o potencial da equipe de vendas. Sem as orientações e o preparo adequados, fica muito difícil coordenar as atividades. Você precisa adaptar o vendedor à realidade da sua empresa antes de exigir que ele bata metas e atenda àquilo que foi pedido, mesmo se for externo. A diferença está no tipo de treinamento.

Outra grande vantagem da equipe externa é não demandar altos investimentos, visto que esses vendedores trabalham de forma autônoma. Esse modelo de prestação de serviços é cada vez mais frequente no mercado, principalmente quando são necessários trabalhos complementares, como consultorias, auditorias, processos de seleção e, claro, vendas externas.

Se você pretende contratar uma equipe de vendas externas fixa, deve tomar ainda mais cuidado no processo de contratação. Como expliquei, por mais que você esteja isento de ter que demitir os colaboradores, por não ter vínculo empregatício, dispensar pessoas costuma causar dor de cabeça.

Por outro lado, contar com um colaborador como parte do seu time, ainda que ele seja externo, pode ser um diferencial importante para o seu negócio. Afinal de contas, ele atua como o rosto da empresa, realizando reuniões com prospects e apresentando seus produtos e serviços.

> A equipe de vendas externas funciona como um extensor da empresa: quanto mais ampla for sua capacidade, mais longe você conseguirá chegar.

Agora, vamos analisar melhor alguns aspectos de como montar uma equipe de vendas na prática.

Primeiramente, existem dois fatores que você deve ter em mente ao definir a configuração da equipe de vendas externa:

- **O tamanho da sua empresa:** Quanto maior o seu empreendimento, maior deverá ser a equipe de vendas externas. Pode parecer óbvio, mas é um erro comum os gestores definirem equipes externas bem menores do que o ideal. Para evitar que isso aconteça, não se esqueça de considerar a proporção do seu empreendimento;
- **O tipo de produto ou serviço que você comercializa:** Procure contratar vendedores **especialistas** naquilo que fazem. Se não

for possível, prefira uma equipe com o maior grau de afinidade com o ramo em que você atua. Caso contrário, a probabilidade de você desperdiçar dinheiro e esforços é enorme.

Não existe equipe boa, mas a equipe que é boa para o que você vende. Se você vende utensílios de cozinha para lanchonetes gourmet, por exemplo, não precisará de muitos vendedores externos, tampouco seu treinamento precisará ser demorado, visto que necessitam apenas de conhecimento detalhado sobre os produtos, como o material de que são fabricados, forma de utilizá-los etc.

Agora, se você trabalha em uma empresa de soluções tecnológicas empresariais, precisará de uma quantidade bem maior de vendedores externos, dadas as dimensões do mercado. Além disso, é muito importante que seus vendedores tenham conhecimento técnico sobre o assunto, para tirar as dúvidas dos clientes e ressaltar as funcionalidades exclusivas que seu produto tem.

Enfim, tudo depende dos fatores inerentes à sua empresa. Portanto, concentre-se em desenvolver uma estratégia que funcione de maneira eficaz.

Apresento a você oito dicas muito importantes para montar uma equipe de vendas externa e, em seguida, discorro sobre cada uma delas.

1. Efetuar o onboarding;
2. Estudar os fatores regionais;
3. Analisar o mercado de atuação da empresa;
4. Entender o perfil do seu cliente;
5. Utilizar o roteiro misto;
6. Definir as metas de maneira clara e objetiva;

7. Utilizar ferramentas e soluções tecnológicas para prospecção e suporte, principalmente;
8. Dar feedbacks.

> Existem algumas exceções à regra, claro, mas, na grande maioria dos casos, seguir essas dicas facilitará muito seu trabalho. Agora, vamos ver cada uma delas.

Efetuar o onboarding

Onboarding é basicamente a integração realizada pelas empresas para receber os novos colaboradores na equipe. Já ouvi muitas histórias de empresas que resolveram pular esta etapa e colocar o novo colaborador para trabalhar direto. O resultado, obviamente, não costuma ser nada bom.

Não se trata apenas de dar as boas-vindas, mas de encaixar uma nova peça em um grande quebra-cabeça. É extremamente importante que o novo vendedor tenha a oportunidade de se enturmar com os colegas de trabalho, com quem passará a conviver todos os dias.

Além disso, ele precisa conhecer os departamentos, produtos e serviços que a sua empresa oferece, antes de prestar o primeiro atendimento. Esse primeiro contato é fundamental para que a história dele na sua empresa seja a melhor possível. A primeira impressão é a que fica.

Estudar os fatores regionais

Se possível, defina as **áreas de atuação** de cada vendedor ou grupo de vendedores. Isso é importante tanto para que os vendedores concentrem seus esforços em seus limites regionais quanto para que criem um **relacionamento** com o cliente.

A maioria das pessoas compra pela experiência de compra, e, se essa experiência consiste em mais de uma etapa, é interessante que o cliente trate com o mesmo vendedor.

> Os consumidores ficam mais confortáveis em comprar de pessoas **conhecidas**.

Certa vez, tive a oportunidade de conversar com um gestor de equipes de agentes de saúde. Ele me contou sobre como as pessoas ficavam mais satisfeitas ao perceber que o agente de saúde que viria à sua casa era alguém conhecido ou aquele "último que veio da outra vez".

Dessa forma, se for coerente para sua empresa, não hesite em estudar os fatores regionais e definir as áreas de atuação para cada vendedor/equipe.

Analisar o mercado de atuação da empresa

Deixar de analisar o mercado em que sua empresa atua é como viajar sem um mapa: está tudo nas mãos da sorte. E, no mundo dos negócios, quem viaja sem mapa está fadado ao fracasso.

Assim como é importante ter conhecimento sobre a sua empresa, é fundamental conhecer o mercado. Ainda que você tenha trocentos concorrentes vendendo exatamente o mesmo produto, nunca se esqueça de que **nenhuma empresa é igual a outra**. E, quando se trata dos vendedores externos, é mais importante ainda que conheçam o mercado, pois eles vão negociar com clientes que, com certeza, o conhecem.

Para avançar, é preciso saber onde se está pisando. Se os vendedores conhecem o mercado, sabem como usar as vantagens dos seus produtos para favorecer as vendas. Caso contrário, o que você vai ter é um monte de vendedor medíocre que mais desvaloriza sua empresa do que vende.

Entender o perfil do seu cliente

Você e seus vendedores precisam conhecer com quem estarão lidando. Isto é, você precisa ter em mãos o perfil dos clientes na hora de treinar os vendedores (internos e externos).

Sem levar em conta o perfil dos clientes, você venderá laranja para quem quer comprar tangerina. Ou seja, você pode até tentar convencer de que as frutas são parecidas, de que o gosto é similar e usar sua criatividade de diversas formas, mas vai precisar fazer um esforço tremendo para resolver um problema que seria solucionado de forma muito simples: oferecendo tangerina.

Uma das principais características de um bom vendedor é gerar valor para o cliente. Sem conhecê-lo, fica muito mais difícil atender a esse propósito. Cada cliente possui suas necessidades. Entenda quais necessidades são essas para vender mais e fidelizar cada vez mais clientes.

Utilizar o roteiro misto

O roteiro de visitas é fundamental para organizar as atividades da equipe externa. Sem ele, seus vendedores vão acabar perdidos e desmotivados.

Basicamente, você pode optar por três modelos de distribuição:

- Região em função do produto;
- Região em função do cliente;

- Região em função do produto e do cliente.

Qualquer que seja o modelo adotado, lembre-se de que, se você não der um norte bem definido aos seus vendedores, eles provavelmente ficarão como cegos em um tiroteio.

Definir as metas de maneira clara e objetiva

Para começar, se não for clara e objetiva, não é meta. Mas vale ressaltar a importância dessas características toda vez que falamos de definir metas, pois é comum as pessoas acharem que qualquer objetivo é meta.

Meta é um objetivo mensurado, calculado, com prazo e plano de ação bem definidos. Se você não definir as metas da sua equipe dessa forma, terá problemas na hora de colher os resultados e de implementar mudanças para melhorias.

Utilizar ferramentas e soluções tecnológicas

A tecnologia está aí para isso mesmo: ser usada. Hoje existem milhares de softwares no mercado, muitos deles gratuitos, que ajudam de forma quase milagrosa na organização de uma empresa.

Um dos softwares para vendas amplamente famosos e utilizados é o Sistema CRM, que permite acompanhamento remoto tanto pelo vendedor quanto pelo gestor. Infelizmente, menos de 30% dos representantes comerciais no Brasil utilizam CRM.

Eis alguns exemplos de ferramentas digitais que você pode utilizar para se organizar:

- **Slack:** Basicamente, o Slack é um aplicativo de comunicação interna, que conta com recursos como chat, chamadas de vídeo e diversas opções de customização. Em 2014, o Slack foi avaliado em mais de US$5 bilhões, e há rumores de que é a ferramenta que substituirá o e-mail;

- **CRM:** Da sigla em inglês Customer Relationship Management (ou gestão de relacionamento com o cliente, como é conhecido em português), o CRM é um método para analisar e administrar as interações com os clientes, otimizar resultados e aumentar a produtividade. Estudos apontam um aumento de 37% na receita das vendas com o uso do CRM;

- **Trello:** Esta é uma ferramenta de gestão de prioridades que pode atender a vários propósitos, entre eles, o de ajudar você a organizar suas vendas. Com interface personalizável, o Trello oferece inúmeras opções de organização, desde as mais básicas até as mais avançadas;

- **LinkedIn:** É uma rede social voltada à comunicação de profissionais. Outra opção excelente para organizar sua vida nos negócios, visto que oferece uma série de possibilidades e é amplamente utilizada no mundo todo;

- **Google Trends:** Simples e gratuita, a Google Trends aponta tendências, o que facilita na hora de orientar suas ações para aumentar as vendas.

Dar feedbacks

Se você não dá retorno aos seus vendedores, eles simplesmente não têm como saber se estão fazendo um bom trabalho ou não. Você, como gestor de vendas, precisa apontar seus equívocos e seus acertos.

A forma mais saudável de fazer isso é apontar os erros pessoalmente e de maneira particular, para evitar o constrangimento. Já os acertos, não. Esses você pode falar bem alto e na frente de todo mundo. Um momento excelente de fazer isso é durante as reuniões, proporcionando um feedback coletivo.

O importante aqui é que você retorne os resultados para o vendedor de alguma forma, para que ele saiba o que precisa melhorar e o que está fazendo bem.

Veja alguns dados sobre a importância do feedback nas empresas:

- 39% dos profissionais sentem que não são reconhecidos no trabalho;
- Empresas que implementam feedback individual têm queda de rotatividade em 14%;
- Profissionais ignorados por seus gestores têm 2x mais chances de ficarem propositalmente ociosos;
- As chances de um profissional se engajar no trabalho são 30x maiores quando gestores focam seus pontos fortes;
- 43% dos profissionais altamente produtivos recebem feedback pelo menos uma vez por semana;
- 65% dos profissionais querem uma rotina de feedback mais constante;
- 78% sentem-se mais motivados quando seus esforços são reconhecidos;
- 69% trabalhariam com mais empenho tendo seus esforços reconhecidos.

Fonte: Salesexpert.

Aqui vão nove maneiras práticas de você dar feedback:

1. O que ele deveria fazer mais?
2. O que ele deveria fazer menos?

3. Separe o **comportamento** do **fato**. Ex.: Faltou comprometimento (comportamento) seu naquele momento, porque (o que vem daqui para a frente é o fato) o Carlos lhe pediu ajuda, mas você disse que já estava na sua hora e não tinha obrigação de fazer isso, sendo que todos que estavam lá o ajudaram;
4. Não seja subjetivo e não use: "Presença efetiva", "Inspirador", "Pensa fora da caixa" etc.;
5. Fale o que é positivo e o que é negativo (gestão da verdade);
6. Dê feedback sobre padrões, sobre coisas que se repetem;
7. Tenha prioridade. Às vezes, há muita coisa pra mudar, mas tenha foco nas atividades que geram mais resultados;
8. Deixe claro, sempre, qual é a postura que você e a empresa esperam dele;
9. Feedback não é bronca!

Essas dicas resumem bem algumas práticas para gerenciar equipes externas. O mais importante é sempre reforçar o espírito de equipe e usar tudo o que estiver ao alcance para que todos evoluam como vendedores.

» VENDAS INTERNAS: O QUE SÃO E POR QUE SE PREOCUPAR?

Você já leu sobre a importância das vendas externas e até aprendeu a montar uma equipe para essa finalidade. O objetivo agora é entender as vendas internas, a importância delas e como aprimorar alguns aspectos para aumentar seus resultados.

Então, comecemos pela definição: vendas internas, ou inside sales, são simplesmente um processo de vendas que ocorre no **interior** da empresa, sem que nenhum vendedor precise deixar o escritório para contatar um cliente e fechar uma negociação.

Assim, a primeira coisa que você deve perceber é que as vendas internas dependem muito da utilização de **ferramentas tecnológicas**, para que se alcancem resultados excepcionais, visto que praticamente todas as etapas são baseadas no ambiente virtual.

Lembra-se daquelas ligações de telemarketing que geralmente ofereciam planos de internet, seguros de vida etc.? Hoje em dia, elas não são tão comuns, não é mesmo? O mundo mudou e, obviamente, as pessoas também. A correria dos dias atuais abomina que a rotina de alguém seja interrompida para oferecer um produto ou serviço, fato que impactou diretamente a gestão de vendas internas.

> Você, gestor, deve estar atento às estratégias de vendas internas que está implementando, ajustando o foco sempre, para ampliar as oportunidades e aumentar os lucros da empresa.

A primeira coisa que você precisa ter em mente quando o assunto são vendas internas é a importância do **inbound marketing**, uma estratégia de marketing voltada à atração de clientes por meio de conteúdo que seja relevante para eles.

Lembre-se de que um dos conceitos mais importantes de vendas é gerar **valor** para o cliente. Aqui, o foco é usar esse valor gerado para atrair mais clientes e, assim, fechar mais vendas.

Segundo uma pesquisa realizada pela Meetime, 80% das empresas que usam as vendas internas como canal primário de comunicação obtêm crescimento de suas atividades, e 60% das empresas brasileiras apoiam essa técnica.

Eis uma lista com algumas vantagens das vendas internas:

- Aumento da eficiência das vendas;
- Obtenção de margens de lucro maiores;
- Crescimento da taxa de retenção dos clientes;
- Ampliação das oportunidades de vendas;
- Aumento da quantidade de leads;
- Maior valor agregado aos produtos e serviços.

Entre os principais focos da gestão de vendas internas, estão os **canais de comunicação**. Vivemos em um mundo amplamente conectado, fazendo com que os meios que ligam o vendedor ao cliente estejam cada vez mais diversificados.

Considerando este cenário, vale ressaltar a importância das redes sociais para as vendas internas. Além de diversificar o tipo de conteúdo, elas constituem uma ferramenta essencial para vendas nos dias de hoje.

> Lembre-se de que o cliente compra pelas razões dele, não pelas suas. Por isso, a abordagem das vendas internas deve estar sempre voltada ao **cliente**, não ao **produto**.

Agora, vejamos alguns aspectos adicionais que também são aprimorados com as vendas internas:

- **Aumento da eficácia do negócio:** Em contrapartida às vendas externas, as vendas internas possibilitam maior controle sobre as etapas do processo de vendas. Como tudo é feito no ambiente interno da empresa, maior é a possibilidade de monitoração sobre as atividades, resultando em uma ampliação do alcance da empresa;

- **Flexibilização de horários:** O home office é algo cada vez mais comum e, quando falamos de vendas internas, constitui um modelo excelente, que gera vantagens tanto para a empresa quanto para o vendedor, que pode trabalhar com horários menos rígidos, no conforto de casa, economizando tempo e otimizando resultados;
- **Potencialização da atuação:** Por facilitar o controle sobre os processos de vendas e demandar bem menos recursos do que uma equipe externa, as vendas internas possibilitam a escalabilidade do negócio; ou seja, com elas, você pode fazer mais, em menos tempo.

❱❱ FUNIL DE VENDAS E FUNÇÕES DOS VENDEDORES NA EQUIPE INTERNA

Para fazer qualquer coisa bem feita na vida, existe uma estratégia, caro gestor. E, quando falamos de vendas, uma das estratégias mais difundidas e importantes é o conceito do **funil de vendas**. Aqui, você vai entender como ele funciona e como atribuir diferentes funções aos vendedores, de acordo com o nível do funil em que se encontram.

O funil de vendas

Basicamente, o que o funil de vendas nos diz é que existem etapas no processo de venda, que vão desde o primeiro contato com o cliente até o fechamento da negociação.

Há várias abordagens para o funil, de acordo com o ramo de atuação da sua empresa e a maneira particular que cada gestor tem de conceber esse processo. Contudo, fundamentalmente, existem quatro etapas, e, para cada uma delas, uma função que os vendedores devem assumir. São elas:

Primeira etapa: borda do funil (vendedor SDR)

A primeira etapa é também chamada de pré-venda; é como se ainda não estivéssemos trabalhando com o funil em si, pois essa é uma etapa prévia. O pré-vendedor, também conhecido como SDR (da sigla em inglês Sales Development Representative), é o responsável por contatar os leads, buscar oportunidades e preparar dados e informações para os vendedores que efetuarão as etapas seguintes.

Segunda etapa: topo do funil (vendedor hunter)

Hunter, do inglês, significa "caçador", e é basicamente isso que os vendedores desta função fazem: eles "caçam" clientes, prospectando e atraindo leads.

Essa função pode se confundir um pouco com a anterior. Para evitar que isso aconteça, lembre-se de que a função do vendedor SDR é basicamente facilitar a vida do hunter, oferecendo informações valiosas para que ele saiba por onde começar.

Terceira etapa: meio do funil (vendedor farmer)

Vendedores desta função são responsáveis por preservar o relacionamento com clientes antigos, visando prolongar a relação entre eles e a empresa. Além disso, o vendedor farmer deve buscar novas estratégias, a fim de vender mais vezes para esses mesmos clientes.

Quarta etapa: fundo do funil (vendedor closer)

O vendedor closer é responsável pela última etapa do funil de vendas: o fechamento.

Outro termo emprestado do inglês, closer deriva de close, que significa "fechar". O objetivo desta função de venda é se ater àquilo que mais importa, que é o fechamento da negociação.

Por isso, é extremamente importante que o vendedor closer tenha fortes habilidades de negociação, fazendo com que o cliente opte pela compra.

» MODELOS DE VENDAS: QUAIS SÃO E QUAIS ESCOLHER?

Já vimos a importância das vendas internas e, agora, falaremos sobre os diferentes modelos de vendas que você pode adotar na sua empresa. Esta é uma decisão importante, pois é sobre essa base que seus negócios vão funcionar. Por isso, leia este capítulo com bastante atenção, para tomar uma decisão sábia.

No geral, o que determina o modelo de vendas ideal é a **complexidade do produto ou serviço** que você comercializa. Produtos mais simples e com pouca variedade demandam menos do atendimento do que produtos mais técnicos e com mais variações.

> O desempenho do seu empreendimento está diretamente correlacionado a dois elementos essenciais: o modelo de vendas adotado e a gestão desse modelo.

Os modelos estão dispostos em ordem de complexidade, ou seja, do mais simples para o mais elaborado. Vale ressaltar aqui que, dependendo do tamanho da fatia de mercado que sua empresa domina e da proporção desse mercado, você pode usar os três modelos de vendas, dando destaque ou não a um deles. O principal, nesse caso, é saber diferenciar os modelos para os diferentes produtos, que exigem atendimentos diferentes.

Apresento aqui a matriz da complexidade em função do preço, um recurso visual que ressalta essas diferenças de maneira bastante clara:

» MATRIZ COMPLEXIDADE X PREÇO

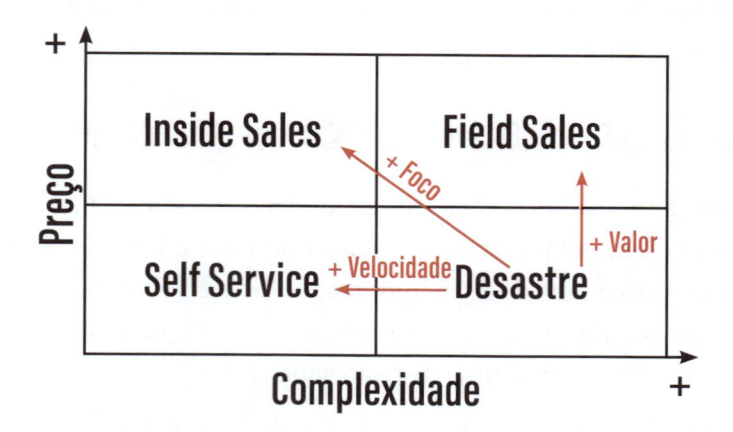

```
Preço
  +
  |  Inside Sales    |  Field Sales
  |          + Foco                  + Valor
  |  Self Service  + Velocidade  Desastre
  +_____+
                 Complexidade
```

Outro fator essencial que você precisa levar em conta é a diferença entre a complexidade do produto e a necessidade dos clientes. Ao definir o modelo de vendas, seu foco deve ser sanar a dor do cliente, gastando o mínimo possível de recursos.

Portanto, o que conta nesse momento de definir a conexão entre os clientes e o seu produto é fazer isso de maneira eficaz. Se a solução do problema é mais simples do que o grau de elaboração do seu produto ou serviço, não é no modelo de vendas que você precisa mexer, mas no conceito do produto.

Eis uma lista de fatores que você, gestor, deve considerar na hora de definir, ou redefinir, os modelos de vendas adotados:

- Proporção do mercado;
- Atuação da sua empresa no mercado;
- Complexidade das necessidades dos clientes;
- Preferências dos clientes.

Agora, apresento-lhe as diferenças entre os três modelos, suas principais características, vantagens, desvantagens, exemplos e outros detalhes.

❯❯ SELF-SERVICE SALES

Como o nome sugere, este é um modelo de vendas que não depende de vendedores e oferece autonomia ao cliente na hora da compra. Muito indicado para soluções simples, o modelo self-service possui baixos custos de implementação e grande facilidade de ajustes.

Sabe quando você entra no site de uma grande loja e compra com alguns cliques, sem sair de casa e sem ser atendido por ninguém? Isso é self-service sales. O grande foco desse modelo é a facilidade da compra, proporcionando uma experiência simples, rápida e eficaz.

Vantagens: Facilidade de implementação e monitoramento de desempenho; baixos custos.

Desvantagens: Ausência de comunicação direta com o cliente, o que, em alguns casos, pode potencializar a desistência.

Assim como em vendas internas, no modelo self-service sales, as estratégias para prospectar clientes devem ser baseadas no inbound marketing, ou marketing de conteúdo, por meio do qual o cliente é atraído para o fechamento da compra.

> A grande vantagem do self-service sales é a **praticidade**. Se os problemas são simples, as soluções precisam ser simples.

❯❯ INSIDE SALES

Também conhecido como vendas internas, inside sales são basicamente as vendas que ocorrem dentro da empresa. Não estou falando necessariamente de o cliente efetuar a compra no ambiente interno, mas do fato de toda a sua equipe operar nesse ambiente. Este modelo também conta com facilidades de ajuste, além de permitir um atendimento mais preciso e eficaz.

Nele, as ferramentas tecnológicas, como telefone, e-mail, redes sociais e inbound marketing, também contam muitos pontos para o aumento das vendas e para a fidelização de clientes.

Como todas as etapas acontecem no ambiente interno da empresa, o controle sobre as etapas da venda é amplamente facilitado, possibilitando que o gestor forneça feedbacks imediatamente, caso seja necessário.

Vantagens: Facilidade de acompanhamento do desempenho e de controle.
Desvantagens: Alcance de clientes mais restrito; maior dependência da habilidade do vendedor.

Um exemplo clássico de inside sales é aquele atendente de telemarketing que liga para você oferecendo um upgrade do seu pacote de internet e TV a cabo. Este tipo de venda também costuma funcionar no modelo self-service, porém, com o inside sales, ele tende a ser bem mais eficaz.

> Atendimento personalizado + vendas a distância = inside sales

Destaco aqui a importância do treinamento dos vendedores. No modelo inside sales, o que vai diferenciar a sua empresa da concorrência é a **qualidade do atendimento**. Portanto, certifique-se de que seus vendedores estejam atuando de acordo com os padrões e a metodologia de vendas da empresa.

❱❱ FIELD SALES

O modelo field sales é parecido com o inside sales, no que diz respeito ao atendimento personalizado. A grande diferença é que, no field sales, o contato com o cliente e o fechamento de vendas são feitos no ambiente externo, ou seja, fora da empresa.

Com as inovações tecnológicas e a correria do mundo moderno, este é um modelo cada vez menos utilizado. Porém, cabe destacar aqui a importância dele para soluções mais complexas, que demandam um atendimento ainda mais personalizado do que o do modelo anterior.

> **Vantagens:** *Atendimento extremamente personalizado; oportunidade de mostrar o produto.*
> **Desvantagens:** *Alto custo de implementação; maior dificuldade em controlar a qualidade do atendimento.*

O modelo field sales costuma funcionar muito bem no B2B, por exemplo. Quando seu vendedor visita uma empresa que representa um cliente potencial, as chances de essa empresa se tornar um cliente regular são muito maiores.

Aqui também vale ressaltar a importância do treinamento em vendas. Se você, gestor, economizar na hora de treinar os vendedores, vai acabar gastando mais tempo e dinheiro depois para corrigir questões metodológicas, além de ter um desgaste mental incalculável.

> Atendimento personalizado + vendas presenciais = field sales

3
RECRUTANDO OS CAMPEÕES

Uma das maiores habilidades do ser humano é a capacidade de aprender e reaprender tanto com suas experiências quanto com as dos outros. Mas, por incrível que pareça, a maioria só aprende com os próprios erros!

Normalmente, as pessoas não escutam a experiência dos outros e acabam cometendo os mesmos erros. Comigo não foi diferente. Eu estava precisando contratar um vendedor com um pouco de urgência (tinha acabado de assumir uma empresa e precisava de resultados rápidos) e comecei a pegar indicações com conhecidos.

Em um final de semana, fui almoçar com a minha querida avó, Dona Elvira, e começamos a falar sobre o nosso dia a dia:

Dona Elvira: Thiago, como anda o trabalho novo?

Eu: Desafiador, vó. Estou atrás de um vendedor lá para a empresa.

Dona Elvira: Vendedor? O filho da minha amiga Cleonice trabalha de vendedor.

Eu: Cleonice? Quem é Cleonice, vó?

Dona Elvira: Minha amiga da hidroginástica!

Eu: Ah tá! Ele está empregado? Ele é bom?

Dona Elvira: Acho que ele está desempregado, mas acho que ele não é muito bom, não. Ele está sempre trocando de emprego e é meio contador de histórias, não acredito nele, não...

Eu: Vó, preconceito seu. Vendedor é quase tudo assim. Você tem o telefone da Cleonice? Me passa, por favor?

Dona Elvira: Tudo bem, mas não diga que eu não te avisei.
Eu: Vó, você está fora do mercado faz muito tempo. Deixa que eu sei lidar com gente assim. Beijos, vó, tenho que ir trabalhar, o almoço estava delicioso!
Dona Elvira: Vai com Deus, filho!

Liguei logo em seguida e peguei o telefone do vendedor com a Dona Cleonice. Na segunda-feira, liguei para ele; na terça-feira, ele começou a trabalhar; na quarta-feira, ele assinou o primeiro contrato; na quinta-feira, o segundo contrato e, na sexta-feira, ele sumiu com os cheques dos contratos e nunca mais apareceu.

Desapontado, à tarde, fui tomar um café com a Dona Elvira, no mesmo dia, afinal, ela morava próximo ao escritório, e café de vó não tem igual!

Contei para ela o que havia acontecido e ela, com sua ternura de vó, pegou minha mão e disse com sua voz suave:

— Thiago, meu neto, você é burro! Eu avisei: NINGUÉM FAZ NEGÓCIO BOM COM GENTE RUIM!

Essa foi uma das grandes lições que aprendi com pessoas mais experientes. Isso permeou minhas atitudes em relação à seleção e ao recrutamento de vendedores, e, sempre que vou contratar alguém, lembro: "Contrate caráter, treine habilidades."

Todos nós queremos excelentes resultados em vendas! Queremos ser líderes de mercado e ter cada vez mais lucros com vendas. Em resumo, queremos ser os melhores e maiores. Porém, para que os números aconteçam (e, de preferência, sejam positivos), é necessário que **pessoas**, os consultores de venda, construam resultados.

Depois de calculada a quantidade de vendedores, vamos para uma etapa que, se não for a mais importante, é a mais determinante no sucesso de todo o processo de venda: selecionar os vendedores. É preciso ter muito bem definido o tipo de vendedor que a sua unidade de negócio (UN) ou empresa exige. Se você trabalha com cursos de nível gerencial de negócios, será necessário um tipo de vendedor, mas, se tem uma loja de produtos para skatistas, deverá buscar outro perfil.

O que eu quero dizer é que os benefícios que uma determinada pessoa oferece poderão ser muito diferentes das vantagens apresentadas por um outro perfil de vendedor. Para algumas atividades, você precisará de um vendedor com mais facilidade na prospecção; para determinadas empresas, será necessário alguém com características de fechamento ou de relacionamento.

Quando fui gerente de uma empresa de eventos (com foco em formatura), nós atendíamos algumas faculdades e universidades. Mesmo fazendo parte da mesma empresa e vendendo o mesmo produto (muitas vezes, para os mesmos cursos), era necessário que existisse um perfil de vendedor para cada universidade.

Havia uma universidade em que os alunos eram mais antenados nas novidades, tinham acesso ao que estava acontecendo no mundo da música, da gastronomia, e o que era tendência na moda. Então, para esse grupo, eu tive que contratar um vendedor com o perfil dessa faculdade, transferindo o vendedor anterior (com um perfil mais conservador) para uma faculdade em que os alunos preferiam a segurança de um processo mais comum de venda, focado no preço. Em pouco tempo, os resultados começaram a aparecer, e os dois vendedores tiveram sucesso em suas ocupações.

Esses profissionais devem possuir o perfil do produto/serviço que vão vender. Isso é um somatório de características que tornarão o vendedor ideal para o seu produto/serviço.

O que acontece é que muitas empresas pedem características iguais, independentemente do produto/serviço que venderão e da hierarquia que ele vai ocupar.

A sócia-proprietária da empresa Relações Consultoria e Gestão de Pessoas, Flávia Trindade, especializada em seleção e recrutamento de vendedores, elencou algumas das principais características solicitadas pelos diretores e proprietários de empresas na hora de contratar um profissional de vendas. São elas:

1. Experiência no ramo;
2. Gostar de vender (ser vendedor profissional, obstinado);
3. Boa comunicação;
4. Determinação e persistência;
5. Boa aparência.

Esses são alguns parâmetros de avaliação que você poderá usar como critério na seleção.

Algumas frases que são comuns quando falamos em seleção de vendedores:

- "Vendedor tem que ter experiência!"
- "Vendedor com experiência vem com muito vício!"
- "Tem que ser cara novo, vem com mais energia!"
- "O cara tem que estar apertado, sem grana, aí ele corre mais."
- "Vendedor tem que ser bom de conversa."
- "Vendedor não pode ser de muita conversa, tem que fechar logo a venda."

Poderíamos escrever um livro só com frases de "especialistas" na área. Porém, não existe certo ou errado; o que existe é o perfil que você necessita para a sua empresa, um conjunto de qualidades que formam um bom vendedor.

❯❯ SELECIONANDO OS VENDEDORES

Para começar, tenha em mente qual é o seu produto/serviço e quem será seu consumidor.

- Seu produto/serviço é técnico?
- Seu produto/serviço é de alto ou baixo valor percebido?
- Será venda por volume?
- Será por meio de telemarketing, balcão ou externo?
- Seu cliente lida melhor com vendedores homens ou mulheres?

Enfim, você deverá colocar as variáveis que são pertinentes para o cargo.

Essa avaliação é de extrema importância, pois:

- Evita que você tire um vendedor de outro emprego e, dois ou três meses depois, tenha que dispensá-lo, pois ele não se adaptou à sua empresa;
- Evita que o vendedor tenha que aprender "batendo a cabeça" e, com isso, ele terá mais tempo para trazer resultados;
- Evita maiores perdas financeiras com encargos trabalhistas, evitando que o dinheiro seja "jogado fora";
- Diminui a possibilidade de *turn-over* na empresa. *Turn-over* elevado passa uma imagem de desorganização para o cliente, afinal, a cada momento é um vendedor novo que vai para o atendimento (muitas vezes, o cliente compra do vendedor, não da empresa!). Isso sem contar que a alta rotatividade desmotiva os outros funcionários, pois eles sentem que a empresa está perdida em relação aos seus objetivos.

Para que possamos fugir do subjetivo e quantificar o quanto cada candidato é bom para a vaga, vamos dar notas a seus atributos. Como exemplo, criei uma empresa fictícia. Para ser vendedor da minha empresa, coloquei alguns itens que acredito serem indispensáveis para esse cargo:

1. Apresentação pessoal;
2. Formação acadêmica;
3. Experiência profissional;
4. Experiência internacional:
   - Acadêmica;
   - Profissional.
5. Conhecimento de línguas;
6. Conhecimento de informática;
7. Aptidão para liderança;
8. Facilidade para trabalhar em grupo;
9. Habilidade de negociação e argumentação;
10. Grau de motivação;
11. Distância trabalho x casa (dependendo da cidade, este fator pode influenciar muito no dia a dia da empresa, horário de chegada para o trabalho, reuniões matinais antes do início das visitas etc.);
12. Cultura geral;
13. Salário pretendido;
14. Objetivos pessoais e profissionais de curto, médio e longo prazo;
15. Outros itens a serem avaliados pela empresa.

Essas são somente algumas características a serem avaliadas. Dependendo do produto/serviço, pode ser que exigir todas essas qualidades seja um exagero. Por outro lado, dependendo da qualificação exigida, essa lista pode conter inúmeras variáveis, principalmente se o cargo for para a área comercial técnica.

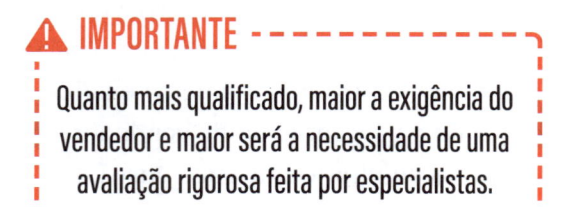

> ⚠ **IMPORTANTE**
> Quanto mais qualificado, maior a exigência do vendedor e maior será a necessidade de uma avaliação rigorosa feita por especialistas.

Depois de avaliado qualitativamente, vamos analisá-lo quantitativamente. Será dada uma nota de 0 a 10 para cada item elencado, sendo 0 nenhuma habilidade, e 10, excelente habilidade.

A empresa terá que determinar uma média para aprovação do vendedor e, como já disse anteriormente, essa média ficará a cargo da necessidade de cada empresa. Exemplo:

1. Apresentação pessoal – nota 7;
2. Formação acadêmica – nota 7;
3. Experiência profissional – nota 8;
4. Conhecimento de informática – nota 6;
5. Aptidão para liderança – nota 5;
6. Facilidade para trabalhar em grupo – nota 8;
7. Habilidade de negociação – nota 7;
8. Grau de motivação – nota 9;
9. Cultura geral – nota 7;
10. Salário pretendido – nota 8.

Dentre os itens que eu havia colocado, para esta empresa, considerei apenas dez. Excluí das características necessárias os quesitos línguas e a experiência no exterior, já que não eram relevantes para o cargo.

Sendo assim, somamos todas as notas (total de 72) e dividimos pelo número de itens analisados, o que nos traz um resultado de 7,2. Agora, supondo que a média mínima para ser aceito pela empresa seja 7, o candidato está dentro do parâmetro exigido. Você também pode optar por ter uma porcentagem de vendedores nota 9 e outra nota 7. Reflita sobre o equilíbrio que você busca.

>> 16 DICAS DE OURO PARA VOCÊ CONTRATAR

Na hora de contratar, siga estas dicas:

1. Não se deixe enganar pelas aparências ou pelo currículo, pegue referências;
2. Utilize o pessoal do RH, faça testes psicológicos e leve em consideração os resultados;
3. Puxe papo com o profissional sobre o dia a dia e o que ele gosta de fazer aos finais de semana;
4. Veja qual a relação dele com amigos e família;
5. Dê uma espiada no Facebook e no LinkedIn (de acordo com o instituto de pesquisa Right Management, 58% dos recrutadores utilizam o Facebook para o processo seletivo, 52% usam o LinkedIn, e 34%, o Twitter);
6. Procure saber quem e como ele é;
7. Peça para ele escrever um texto sobre determinado assunto técnico ou de atualidade, algo que ajude você a conseguir informações relevantes sobre o perfil que você precisa;
8. Pergunte qual foi o último livro que ele leu e o que ele achou;
9. Descubra o que ele pensa sobre o mercado em que vai atuar;

10. Faça um *Focus Group*. Esse sistema é usado geralmente em pesquisas, mas, se você estiver fazendo uma entrevista em grupo, selecione um tema pertinente, coloque-o em discussão, deixe os participantes exporem suas ideias e fique atento. Faça esse tipo de dinâmica sempre em dois; assim, um interage com o grupo e o outro faz as anotações;
11. Pergunte o que ele sabe da empresa;
12. Ele não trabalhará sozinho, então qual é a equipe que está lá? Pense nisso porque, se você tem uma equipe de vendedores "caçadores", com características agressivas de vendas, e contrata um vendedor "fazendeiro", que gosta de cultivar o relacionamento cliente/empresa e tem mais facilidade em vendas de processo mais longos, é muito provável que essa equipe "engula" o vendedor novo. Quantas vezes vemos isso no futebol: um jogador bom que não se encaixa em um novo time porque a equipe não comporta a característica marcante dele, mesmo ele sendo bom;
13. Apresentação da cartilha de deveres x direitos. No Capítulo 5 deste livro, entenderemos como e por que fazê-la;
14. Nunca entreviste o candidato sozinho: você pode se apaixonar por ele! O profissional de vendas geralmente é bom de comunicação e de argumentação. Trocando em miúdos: o vendedor (quase sempre) é conhecido por ser bom de conversa, um bom contador de histórias. Por esse motivo, eu oriento que, sempre que entrevistar um vendedor, tenha pelo menos outras duas opiniões. Assim como o especialista em vendas Raúl Candeloro, eu defendo a ideia de passar o candidato por três entrevistadores: um para Conhecimento; um para Habilidade; e um para Atitude. Passe pelo RH, use os testes, e a última entrevista será com o gestor que estará logo acima dele, afinal, é ele que, em caso de demissão, executará essa missão;

15. Use o período de experiência;
16. E por último: não contrate se ele não preencher os requisitos. Antes só do que mal acompanhado!

Talvez o requisito mais importante para um colaborador no momento seja o que chamamos de *coachability*. Essa soft skill é a capacidade do vendedor de aprender coisas novas. E não está ligada ao nível de inteligência, mas à disposição em aprender e receber feedbacks.

» 14 PERGUNTAS PODEROSAS QUE NÃO PODEM FALTAR NA HORA DA ENTREVISTA DE UM VENDEDOR OU GESTOR COMERCIAL

1. O que, na sua opinião, faz de um vendedor um bom vendedor?
2. Por qual motivo você se tornou (ou quer se tornar) um vendedor?
3. O que você acredita que vai agregar nesta empresa?
4. O que ela pode agregar a você?
5. Conte um pouco da sua história de vida. (Aqui você pega quem é quem. Vê realmente as dificuldades e o que o vendedor faz no dia a dia.)
6. O que o motiva e o que o faz sonhar?
7. Coloque o entrevistado diante de duas situações do dia a dia do trabalho e peça-lhe para escrever o que ele faria diante dessas situações. (Esta é campeã!)
8. O que você faz quando percebe que não vai atingir a sua meta? (Esta é fera!)
9. O que você faz quando o cliente lhe pede desconto?
10. Qual é a percepção errada mais comum que as pessoas têm de você?

11. O que é mais importante e mais o motiva no seu trabalho como vendedor?
12. O que é fundamental para você conseguir bons resultados? (Veja se ele assume a responsabilidade ou "empurra" com desculpas para fatores externos, como mercado, preço, desconto etc.)
13. Por que eu não deveria contratar você?
14. Descreva uma venda que deu errado e o que você faria diferente. (Veja se ele aprendeu com seus erros.)

Você também pode montar as suas perguntas; é fácil. Basta fazer uma sequência baseada no CHA (Competência, Habilidade e Atitude).

> ⚠ **IMPORTANTE**
>
> Muito cuidado na hora de avaliar. É muito comum exigir atributos maiores do que o necessário e não querer pagar por isso.
>
> Se sua proposta não for atraente para o vendedor, dificilmente achará bons profissionais.
>
> Funcionários preparados e que trazem mais resultados precisam ganhar bem!

Certa vez, vi em um anúncio de empregos a seguinte "oportunidade":

> **Vaga: CONSULTOR DE VENDAS**
>
> Empresa de médio porte
>
> Gerir/Supervisionar vendas na Grande São Paulo, desde planejamento, contratação de vendedores/representantes comerciais, definição de metas, prospecção de clientes, venda e pós-venda; coordenação do treinamento em sua região; prospecção e atendimento direto de grandes contas, perfil empreendedor e focado em resultados.
>
> - Graduação completa
>
> - Pós-graduação desejável
>
> - Inglês avançado
>
> **Salário:** R$1.500,00 (mil e quinhentos reais) BRUTO.

É brincadeira, né? E sua empresa quer encontrar esse cara no mercado?

Por esse valor?

> Não se esqueça de fornecer um feedback para todos que participaram da seleção. Em muitas empresas, aqueles que não foram selecionados não recebem nenhuma informação!

» OS QUATRO TIPOS DE VENDEDORES INCRÍVEIS PARA SUA EMPRESA

Perceba que cada tipo de vendedor possui vantagens e desvantagens e poderá ser um aliado ou um inimigo para sua empresa. Tudo depende do perfil do seu negócio e da área em que você atua. Em minhas experiências com equipes de vendas, percebi que os diferentes tipos de vendedores apresentam características e qualidades específicas. O que é qualidade em determinado contexto é defeito em outro.

Vender é uma mistura de arte e ciência. O segredo de todo grande vendedor é ter um equilíbrio entre a sensibilidade para lidar com pessoas e a praticidade técnica. Se faltar uma ou outra, dificilmente o vendedor será excelente.

> "A grande sacada de um vendedor excepcional é pensar com a cabeça do cliente: entender quem ele é e o que procura."

» QUAIS SÃO OS TIPOS DE VENDEDORES DE QUE SUA EMPRESA PRECISA?

Poucos gestores fazem essa pergunta antes de iniciar o processo de contratação. É fundamental definir quais os tipos de vendedores de que sua empresa precisa. Se você não souber, a margem de erro será muito maior. A coisa é muito simples, não há por que complicar.

Dê preferência ao que realmente importa e faz a diferença: a mão na massa. Lembre-se de que competente é quem faz, não quem diz que sabe fazer.

Certa vez, visitei uma loja de carros de luxo, nos Estados Unidos. Curioso, perguntei quanto custava a Ferrari. Quando o vendedor me disse o preço, respondi com aquela frase comum: "Caramba, que caro." A resposta que ele me deu eu nunca mais esqueci:

"Não é caro, é exclusivo." Não é uma questão de preço, mas de **valor**.

> **"** Faça com que seu cliente perceba que seu produto não é caro, é exclusivo."

Ao propor atividades e perguntas em um processo seletivo de vendedores para sua empresa ou equipe, lembre-se de ser coerente com seus objetivos e de se ater ao que realmente importa. Faça perguntas baseadas em situações do cotidiano para analisar como o candidato se sairia na prática e analise as respostas. Faça perguntas como:

- O que você faz se o cliente pedir desconto?
- Você percebe que não vai bater a meta do mês, e aí?
- O cliente parece estar ignorando você, como proceder?
- Como você lida com desculpas do tipo "mais tarde eu volto"?

O que não perguntar? Algumas sugestões são:

- Perguntas conceituais demais.
- Questões irrelevantes, que não fazem diferença.
- Coisas específicas a respeito de experiências passadas.

Perguntas conceituais são perguntas baseadas em cunho moral, verdadeiros clichês em entrevistas. Você já viu algum malandro dizer que é malandro? E nem vai ver.

Não perca o foco. Você precisa de X, então pergunte qual é a relação do candidato com X e siga adiante. Tempo é dinheiro, e você não pode perder nenhum dos dois.

Verifique se ele aprendeu com os próprios erros. Esta etapa é breve, não se aprofunde em detalhes. É muito importante que o vendedor tenha essa mentalidade, que se recicle e se atualize.

Conheça os tipos de vendedores mais incríveis para sua empresa.

O fundamental aqui é saber quem priorizar em uma entrevista e, mais importante, quem descartar logo de início. Existem basicamente quatro tipos de bons vendedores que são comuns no mercado:

1. **Vendedor Amigão:** tem muita empatia com o cliente;
2. **Vendedor Especialista:** conhece tudo a respeito do produto ou serviço;
3. **Vendedor Tecnológico:** excelente em prestar atendimento online;
4. **Vendedor Velocista:** presta atendimentos simultâneos.

Agora, vamos falar um pouco mais a respeito deles.

1) Vendedor Amigão

Muito comum no mercado, destaca-se pela facilidade em se comunicar e criar empatia com o cliente. O ponto forte dele é a sensibilidade, aquele jeito de lidar com pessoas. É muito comunicativo e se aproxima do cliente com muita rapidez, o que o torna excelente em contextos que demandam engajamento.

Um dos principais problemas que este tipo de vendedor costuma ter é a possível falta de conhecimento técnico. Se ele precisar tirar uma dúvida em relação ao produto, pode acabar se saindo mal. Caso seu produto ou serviço não seja muito complexo, isso não é problema.

Se você vende algo específico, como material de construção ou ferramentas para desenho técnico, precisa de alguém que conheça bem os produtos. Caso contrário, o cliente pode sair da sua loja insatisfeito com o atendimento.

Pontos fortes: *entrosamento; sensibilidade; atendimento exclusivo.*
Pontos fracos: *possível falta de conhecimento específico; dificuldade para atender a vários clientes simultaneamente.*

> O gestor precisa relembrar a este tipo de vendedor as metas que precisam ser batidas e ficar atento aos índices de conversão de venda, já que ele tende a passar mais tempo com cada um de seus clientes.

2) Vendedor Especialista

Este tipo de vendedor conhece tudo sobre o produto e conhece bem o mercado. Ele consegue passar várias informações técnicas para o cliente, mas lidar com pessoas pode não ser seu forte. Ganha destaque em empresas de produtos ou serviços mais técnicos.

Então, se você vende materiais de construção ou de desenho técnico, esse é o vendedor ideal. Clientes que precisam desse tipo de produto priorizam a segurança de não precisar comprar outra vez.

Nesse momento, um diploma pode ajudar muito. Se o vendedor é formado em alguma área relacionada, provavelmente conhece melhor o mercado.

Pontos fortes: *conhecimento apurado do produto/serviço; amplo conhecimento do mercado.*
Pontos fracos: *possível dificuldade para lidar com pessoas.*

> O forte do Vendedor Especialista é o atendimento técnico. Seu conhecimento permite um atendimento bastante específico.

3) Vendedor Tecnológico

Utiliza as tecnologias para identificar e contatar o lead. Seu negócio é o follow up das vendas, por WhatsApp, e-mail, Facebook etc. O ponto fraco deste vendedor pode ser a abordagem cara a cara, afinal, ele tem prática com o atendimento online. Como seu forte é se comunicar pela internet, é uma ótima opção para empresas de tecnologia e para contatar clientes ocupados.

Outra vantagem deste tipo de vendedor é o amplo alcance. Além disso, o Vendedor Tecnológico tem a opção de prestar vários atendimentos ao mesmo tempo, resultando no aumento do potencial de vendas.

Se for bom, o Vendedor Tecnológico consegue chamar a atenção de um lead sem muito esforço. A grande sacada deste perfil é usar os gatilhos mentais, que podem ser evocados em qualquer contexto.

Pontos fortes: *dinamicidade; múltiplos atendimentos.*
Pontos fracos: *atendimento presencial.*

> Em meio à quantidade de informação a que somos expostos hoje, este pode ser um tipo de vendedor que vai fazer com que suas vendas disparem.

4) Vendedor Velocista

Muito comum no varejo e em estabelecimentos que atendem uma grande quantidade de pessoas, o ponto forte do Velocista não é atender o lead, mas atender o cliente médio. As vendas são rápidas e, quando precisa, ele atende mais de um cliente ao mesmo tempo.

Este é outro excelente vendedor para o varejo, pois possui características similares às do Vendedor Amigão. A principal diferença entre eles é que o forte do Vendedor Velocista é a dinamicidade das vendas, enquanto o Vendedor Amigão se destaca mais pela habilidade de reconhecer necessidades mais sutis do cliente.

Se você precisa de alguém que preste atendimentos mais curtos e precisos, de maneira presencial, este é o perfil de vendedor mais indicado para seu negócio.

Pontos fortes: dinamicidade; múltiplos atendimentos.
Pontos fracos: atendimento online.

> ⚠ **ATENÇÃO**
> Tanto você, gestor, quanto o gerente e o resto da equipe de vendas precisam ficar de olho no Velocista, já que ele pode fazer atendimentos incompletos, por atender vários clientes simultaneamente, o que acaba causando frustrações e até desistências.

» TIPOS DE VENDEDORES QUE VOCÊ DEVE EVITAR

Assim como existem os tipos de vendedores mais indicados para cada negócio, mercado e padrão de funcionamento, existem também os tipos de vendedores que você deve evitar.

Então, saiba o que **não** fazer. Pode parecer desnecessário, mas não é. Alguns erros clássicos cometidos por vendedores podem levar a empresa a ter que fechar as portas. Sim, acontece.

Há um ditado que diz: "Inteligente é quem aprende com os próprios erros. Sábio é quem aprende com os erros dos outros." É a mais pura verdade. Procure estudar casos de sucesso (e de fracasso) e entender que fatores levaram a tal.

> Mais importante do que saber o que fazer é saber o que não fazer.

Fico impressionado com a quantidade de vendedores que me conta não ter retornado o contato com os leads ou mesmo com os clientes que já haviam feito pelo menos uma compra.

O cliente não vai implorar para adquirir sua proposta. Além de prepotente, esta é uma atitude que tem um potencial enorme para enriquecer a concorrência. E este é o pecado mais mortal que você pode cometer quando o assunto é venda: perder um cliente para o concorrente.

Lembre-se de que erros são comuns. Errar faz parte do processo de aprendizado, e, se você souber aprender com seus erros, estará um passo à frente. Muitas vezes, são as gafes que cometemos que nos fazem olhar as coisas sob outra perspectiva.

> ⚠ **IMPORTANTE**
> Aprenda com os erros que outros já cometeram. Isso é estar à frente não apenas em relação a onde você estava, mas também à frente da concorrência.

Tudo na vida é uma questão de escolha. Se você souber escolher melhor, inevitavelmente vai colher benefícios. Trabalhar com contratações não é muito diferente de trabalhar com qualquer outro recurso: oportunidades excepcionais são raras.

Os tipos de vendedores que estou sugerindo que você evite são nada mais, nada menos, do que vendedores que não tiveram a experiência dos Vendedores Incríveis que mencionei no tópico anterior. Talento é uma coisa que vem do berço, sim, mas sem treinamento adequado o talento não se desenvolve.

Os vendedores que você deve evitar são:

1. **Vendedor Bonzinho:** simpático, mas pouco prático;
2. **Vendedor Medroso:** tem receio de incomodar o cliente;
3. **Vendedor Seguro de Si:** tem o ego muito grande.

1) Vendedor Bonzinho

Vendedor Bonzinho não vende. Toda vez que falo isso, muita gente fica de cabelo em pé, pensando que estou dizendo que o vendedor precisa ser insistente, malvado ou até meio grosseiro, mas não é isso. O que quero dizer é que o vendedor não pode se acomodar e nunca deve se acostumar a ouvir o não.

Se o vendedor percebe que o cliente está interessado em fazer a compra, mas inventa desculpas como "vou pensar um pouco" ou "mais tarde eu volto", é necessário saber argumentar com firmeza e fechar a venda.

O Vendedor Bonzinho é o que paga de simpático para esconder o fato de que não sabe vender. Quando um cliente entra em uma loja, é porque, no mínimo, considerou comprar alguma coisa. Ainda que por um instante, ele entrou na sua loja. E aí?

Não me canso de dizer que ser persistente é diferente de ser insistente. A chave da questão é saber o que perguntar e como proceder na negociação. Independentemente do ramo em que você atua, o cliente que saiu, fechou a conversa ou desligou o telefone se sentindo estressado **não vai voltar**.

> **Cliente que deixa a sua loja se sentindo irritado é cliente que não volta mais.**

Imagine que você seja vendedor ou gerente de uma loja de roupas femininas. Uma mulher acaba de entrar e está olhando algumas das suas peças. Quando o vendedor pergunta se ela precisa de alguma coisa, ela responde dizendo que está "só dando uma olhadinha".

Você acha que essa mulher teria entrado em uma loja de vinhos só para dar uma olhadinha nas garrafas? Meu amigo, se ela entrou na loja é porque, no mínimo, gosta de beber um bom vinho, e o que separa essa mulher de levar uma ou mais garrafas é a competência do vendedor. O mesmo se aplica à loja de roupas e a qualquer outro exemplo.

É por isso que digo que vendedor bonzinho não vende. Não se trata de ser insistente ou importuno, mas de estar determinado a vender.

Pontos fortes: dificilmente deixa o cliente irritado. Pode ser uma opção mais razoável do que os outros tipos de vendedor que você deve evitar.

Pontos fracos: faz menos vendas. Às vezes, bem menos do que você precisa.

> Gestor, procure ficar de olho no Vendedor Bonzinho. A personalidade dele é coerente com o comportamento, e você pode aproveitar isso. Na maioria das vezes, ele só precisa de treinamento adequado.

2) Vendedor Medroso

O vendedor medroso é pior do que o vendedor bonzinho, pois ele fica com medo de fechar a venda e acabar sendo agressivo demais. Quando falo "partir para cima", não estou sugerindo que você obrigue o cliente a comprar, mas que seja determinado e tenha foco.

O Vendedor Medroso é aquele que tem receio de mostrar os produtos, de perguntar o que o cliente precisa e de ser chato. Chata mesmo é esta situação: ter um cliente insatisfeito que saiu de uma negociação sem comprar nada e que, provavelmente, não voltará.

Medo só é útil em situações de perigo. Em uma negociação, o maior perigo é o cliente sair insatisfeito, e esse vendedor está muito propenso a deixar que isso aconteça.

Pontos fortes: dificilmente se precipita; não passa informações erradas.
Pontos fracos: faz menos vendas.

> O Vendedor Medroso é um dos mais neutros do mercado. A vantagem da neutralidade é poder ser modelada. Se este tipo de vendedor tiver o treinamento adequado, pode se tornar um vendedor razoável.

3) Vendedor Seguro de Si

Ele acha que sabe tudo sobre tudo, mas não estuda sobre o produto nem sobre o cliente. Este vendedor é um dos mais difíceis de treinar, pois geralmente não aceita bem as críticas e acha que não teve nenhuma culpa nas vendas que não foram fechadas.

É, de longe, o perfil com que você deve tomar mais cuidado. Ao contrário do Vendedor Bonzinho e do Vendedor Medroso, o Vendedor Seguro de Si costuma ter certos vícios na hora de trabalhar. O principal deles, e o mais prejudicial, é a mania de achar que está certo em tudo.

Aprendizado constante é um hábito fundamental no cotidiano de um vendedor excepcional. Sempre é possível melhorar, portanto, a evolução deve ser algo constante.

Quando os outros vendedores erram, o vendedor excepcional encontra uma oportunidade de desenvolvimento e aprende com o erro alheio. O Vendedor Seguro de Si tende a apontar esses erros como gafes que ele não comete por ser muito bom.

Uma das vantagens deste tipo de vendedor é que a determinação costuma ser sinônimo de segurança para alguns clientes. Seu jeito firme de falar pode conquistar os clientes que tendem a duvidar mais, principalmente os indecisos.

Não confunda o Vendedor Seguro de Si com o vendedor malandro, que passa a perna no cliente. Nem listei esse cara aqui porque, sinceramente, acho que não é vendedor, mas um charlatão.

> ⚠️ **IMPORTANTE**
>
> Vender um produto razoável é completamente diferente de vender um produto que não serve.
>
> Quem vende algo que não serve para o cliente não é vendedor; é um vigarista.
>
> Vender não é só fazer com que o cliente compre alguma coisa, mas proporcionar a ele uma solução real para um problema real.

No mundo corporativo, quem ganha nem sempre é o melhor, mas quem chega primeiro. Quando me refiro à qualidade do produto no que diz respeito à contratação do Vendedor Seguro de Si, falo de oferecer o possível. Nem sempre estamos com o melhor produto do mercado, a questão aqui é como você vende.

Às vezes, o que o cliente quer é praticidade, é adquirir alguma coisa que sirva e ter sua necessidade atendida. Não é à toa que a maioria dos postos de abastecimento possui uma lanchonete 24h que tem os preços bem elevados. O foco não é o preço, e sim a **praticidade**.

> ❝ Nunca se esqueça disso: o que o cliente sempre quer é vantagem, e você precisa entender o que é vantajoso para ele".

Pontos fortes: *transmite convicção, o que pode funcionar bem para certos tipos de vendas.*

Pontos fracos: *alta resistência a mudanças; dificuldade de aceitar críticas e sugestões.*

O Vendedor Seguro de Si costuma dar dor de cabeça quando é necessário um atendimento mais aprimorado ao cliente, mas pode até funcionar bem com vendas mais simples.

Por sorte, os vendedores que devem ser evitados podem ser treinados, já que muitas de suas inseguranças são consequência da falta de informação sobre o produto e o mercado e da falta de experiência.

Fazer uma boa contratação ou uma sequência delas é uma proeza e nem sempre é possível. O foco aqui é analisar o tipo de vendedor que será eficaz para seu negócio e o que não será.

Tudo começa na definição da estratégia de vendas, que é o alicerce das suas atividades comerciais. Se você não tiver uma estratégia bem definida, contratará vendedores que não funcionam para o que você precisa.

Estude, conheça e tenha esses tipos de vendedores como guia para orientar seu processo de contratação. Lembre-se: um currículo bonito e bem cheio pode até atrair, mas está longe de fechar negócio! Vá em busca de atitudes!

❯❯ CINCO ERROS NA CONTRATAÇÃO DE UM VENDEDOR

Cada caso é um caso. Se você está em uma situação muito específica, pode ser que alguma dessas dicas exceda a regra, mas, no geral, isso não acontece.

A pressa é inimiga da perfeição, já dizia o sábio ditado. Se você enfiar os pés pelas mãos na hora de mexer na equipe de vendas e acabar tomando decisões precipitadas, os danos podem ser irreversíveis. Um dos segredos do sucesso e do diferencial nas vendas é se preocupar com os **detalhes** (nunca em detrimento do todo, mas sempre que possível). Um gestor, gerente ou vendedor detalhista é um profissional que vai mais longe.

Existe um verdadeiro abismo entre atendente e vendedor. Falei, neste livro, a respeito de como alguns perfis de vendedores podem funcionar bem como balconistas, mas não considere isso como via de regra. Vender é uma ciência e uma arte, e, para ser excepcional, é necessário muito preparo e treino.

Não se iluda em achar que, logo após a contratação, um vendedor nato vai aparecer na sua loja fazendo mágica e multiplicando as vendas do dia para a noite. Negativo. Você precisa treinar o vendedor assim como qualquer outro colaborador, para que ele se adéque ao ambiente.

Cuidado com as promoções. Geralmente, promover um bom vendedor a gerente é um erro grotesco, que também costuma causar danos irreparáveis no curto prazo.

Nunca faça a besteira de contratar gente que não possa ser demitida. Se você tem um parente ou amigo próximo que está com dificuldade para conseguir emprego, uma indicação talvez seja melhor. Cobrar desse cara ou mesmo demiti-lo costuma ser uma missão bem delicada.

Vale apontar que os erros não estão em ordem de gravidade. O que disponho a seguir é uma lista de coisas que você não deve fazer ao contratar vendedores, diretrizes para orientar você nessa fase que exige bastante análise e muita convicção.

Enfim, vamos a eles.

1) Demitir para depois contratar

Demitir e contratar, apesar de serem antônimos, não são ações que devem suceder uma à outra ou tampouco ser consideradas como opostas. Na vida corporativa, existe momento para tudo, assim como para demitir e contratar.

Enquanto você encarar o recrutamento de novos vendedores como consequência da demissão, o resultado será o esperado: uma equipe abarrotada de vendedores com desempenho medíocre. Quando você tem um vendedor a menos na equipe, mesmo que não seja um vendedor excepcional, isso significa que um cliente a menos será atendido.

O que a maioria dos gestores pensa é que, ao demitir, abre-se uma lacuna para que um novo vendedor, melhor, entre. Esse é um equívoco grave, pois dificilmente acontece dessa forma.

> Demitir e contratar são atividades distintas, motivadas por fatores diferentes. Não confunda as duas ao pensar que uma é o contrário da outra e deve ocorrer logo em seguida.

O que costuma ocorrer é que, ao perceber a falta que o vendedor mediano faz, o gestor costuma pedir indicação de um outro vendedor. É aí que mora o problema: se o seu outro vendedor é excelente, será que ele vai indicar alguém tão excelente quanto? Se o seu outro vendedor for medíocre, quais são as chances de ele indicar alguém com desempenho superior, visto que acabou de ser demitido devido ao mau desempenho?

Daí para a frente, é só desilusão. A equipe de vendas fica tensa com a possibilidade de novas demissões e acaba prestando atendimentos piores. O gestor, preocupado, tende a contratar outro vendedor igualmente medíocre.

2) Contratar atendente ou balconista em vez de vendedor

Este é outro erro clássico, frequentemente cometido por gerentes e gestores.

Imagine que você é técnico de um time de futebol. Quem é que você escala para ficar lá na frente e marcar os gols? O zagueiro? Não, o atacante!

Se você colocar um zagueiro para atacar, as chances de perder o jogo são imensas. Vender é como qualquer outro ofício: se você quer ser bom naquilo que faz, precisa praticar com frequência, da maneira certa e com avidez. Só que, mais importante do que praticar, é praticar as coisas certas.

Isto precisa ficar claro na sua cabeça: **vender é diferente de atender**. A pessoa que atende é aquela que recebe o cliente e apresenta as opções que sua empresa oferece para resolver o problema dele, sem muito detalhismo.

> Vender é uma arte e uma ciência: só é bom quem estuda e pratica muito.

É comum o gestor querer correr contra o tempo e cometer erros na hora da contratação. O principal deles é aceitar os dois principais perfis errados de vendedores para sua empresa: o atendente e o balconista.

"Thiago, mas como eu faço para diferenciar o vendedor do atendente?" Não existe fórmula mágica, mas algumas diretrizes vão ajudá-lo. A primeira é, sem sombra de dúvida, evitar o cara que se diz "bom de vendas". Na maioria das vezes, a experiência desse cara a vida toda foi como balconista. É aquele sujeito bom de conversa, mas ruim de fechar venda.

Não existe nada de errado em ser atendente. A questão aqui é que, se você trabalha com vendas, precisa de vendedores. Lembre-se da escalação do time de futebol: se precisa de um atacante, o cara pode ser o melhor zagueiro do mundo, mas, para você, não serve.

No mundo corporativo, estamos sempre fazendo o possível, e as alternativas nem sempre são as ideais. Porém, o foco aqui é **acertar na contratação**, para não precisar reparar esse erro mais tarde.

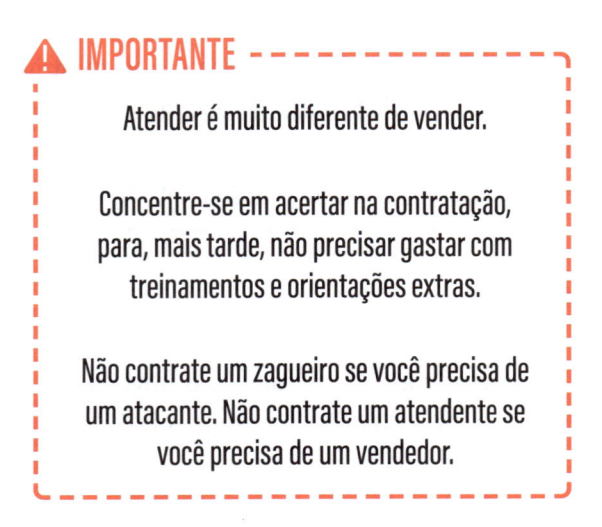

> ⚠ **IMPORTANTE**
>
> Atender é muito diferente de vender.
>
> Concentre-se em acertar na contratação, para, mais tarde, não precisar gastar com treinamentos e orientações extras.
>
> Não contrate um zagueiro se você precisa de um atacante. Não contrate um atendente se você precisa de um vendedor.

Então, se você acha que basta empatia para conseguir fechar bons negócios, leia este livro todo desde o começo, porque você está completamente enganado.

3) Colocar as pessoas para trabalhar sem treiná-las antes

Erro grave. Além de o treinamento ser uma questão de adaptação ao ambiente da empresa, é necessário que o novo vendedor conheça bem a maneira como as coisas funcionam. Ele precisa ser treinado para que consiga tirar o máximo do mínimo, fechando o maior número de vendas possível.

Em algumas empresas, a fase de treinamento chega a durar três meses ou mais. Essa mentalidade de economizar com o treinamento não dá resultados bons, porque muitos clientes e muitas vendas são perdidos em função da falta de conhecimento do novo vendedor.

O vendedor, assim como qualquer outro funcionário, precisa estar bem adaptado para concentrar todo seu potencial no que realmente importa: sua função. E cada empresa funciona à sua maneira.

> Novos vendedores precisam ser treinados para se adaptar aos trâmites específicos da sua empresa e à maneira como ela funciona. Sem esse preparo inicial, a probabilidade de que vendas sejam perdidas é enorme.

Por isso, é muito importante que o vendedor receba o treinamento antes de começar. Alguns chamam essa primeira etapa de onboarding ou integração, que é quando o novo colaborador recebe as instruções de funcionamento da empresa. Se essa primeira etapa não for bem orientada, o risco de se ter problemas no futuro é muito maior.

Por exemplo, digamos que o cliente pergunte algo que ele não saiba responder ou peça algo que ele não saiba onde está e, com isso, perca muito tempo consultando outro vendedor. A probabilidade de o cliente ir embora é muito grande.

Você não pode permitir que isso aconteça, e a única maneira de evitar esse cenário é treinando adequadamente os novos vendedores.

4) Promover um bom vendedor a gerente

Na grande maioria das vezes, perde-se um excelente vendedor e ganha-se um péssimo gerente. Assim como a questão de contratar e demitir que abordei no primeiro tópico, uma coisa não está relacionada a outra.

Se você percebeu a necessidade de oferecer algum tipo de benefício ao vendedor por desempenho, talvez uma promoção não seja o ideal. Pense que, assim como com o cliente, você deve tomar decisões com base nos motivos dele, não nos seus.

O trabalho de gerir setores e equipes é muito mais administrativo, e os resultados são sempre voltados a questões coletivas. Isso é exatamente o contrário do que seu vendedor está acostumado a fazer: trabalhar no operacional, voltado aos resultados individuais.

Gerente e vendedor são funções diferentes, independentemente da diferença de hierarquia. Um bom gerente precisa ter as qualidades de um bom gerente, e o mesmo vale para um bom vendedor. Cair na ilusão de que seu funcionário será um excelente gerente por ser um excelente vendedor é fácil e um ato desastroso.

> ⚠ **ATENÇÃO**
>
> As metas e os objetivos do gerente são coletivos. As metas e os objetivos do vendedor são individuais. Não caia na ilusão de achar que promover um bom vendedor a gerente é uma atitude sábia. Você pode acabar com um vendedor excepcional a menos e um gerente medíocre a mais.

Além disso, você pode sair seriamente prejudicado com essa promoção. Tendo verificado que a coisa não vai funcionar com seu ex-vendedor trabalhando como gerente, voltar atrás é complicado. Dificilmente alguém que foi promovido vai ficar satisfeito em retornar ao cargo anterior, o que deixa você em uma berlinda.

Procure oferecer uma participação maior nos lucros, uma comissão mais alta ou um aumento quando a questão for benefício por desempenho. Ambas as opções retornam algo que todo vendedor aprecia bastante: dinheiro. E o melhor é que nenhuma delas submete você ao risco de perder seu vendedor; muito pelo contrário, só reforça a relação dele com a empresa.

Apesar de também lidar diretamente com pessoas, a maneira de fazê-lo é bem diferente entre o gerente e o vendedor.

5) Contratar gente que não pode ser demitida

Amigos amigos, negócios à parte. Não é mau-caratismo nem egoísmo. É a realidade da vida.

Diversos estudos apontam que as pessoas detestam misturar questões financeiras com questões pessoais. Isso porque essa química nunca dá certo. Cedo ou tarde, alguém acaba se frustrando com uma divergência de opinião nos negócios e acaba levando isso para a esfera pessoal, resultando em um relacionamento cada vez mais desgastado — em ambas as esferas.

Quando você coloca um amigo ou parente para trabalhar com você, o que acontece é exatamente isto: as relações pessoais se misturam com as profissionais.

Primeiro, tem a questão da cobrança, que não é bem aceita. Depois, tem a questão das críticas, que são ainda menos bem aceitas. Por último, tem a questão da demissão, que é só dor de cabeça. Demitir alguém da família é simplesmente impensável em alguns contextos e sempre gera muito estresse, além de causar um constrangimento enorme.

Pode ser que você não tenha problema com isso, mas seu parente com certeza tem. São raros os casos em que colocar a família nos negócios dá certo.

> Contratar pessoas que não podem ser demitidas custa muito caro. Se a pessoa não entregar os resultados de que você precisa, você não ficará à vontade para cobrar, muito menos para demitir.

Não confunda isso com egoísmo. Muita gente me ataca dizendo que esta é uma visão individualista, que só considera o meu lado da história. Na verdade, a questão é muito mais simples. Quando montamos equipes, devemos escolher os integrantes mais bem preparados. Quando isso não for possível, devemos escolher membros que tenham as características básicas necessárias à formação de uma boa equipe, como proatividade, entusiasmo e, principalmente, espírito de equipe.

Aí, pergunto a você: Todo mundo quer uma fatia do bolo, mas o que oferecem em troca? Contratar alguém da família pode não só prejudicar as suas atividades como também as da pessoa, porque a tendência à estagnação é enorme.

Tem sempre alguém querendo alçar voo pendurado na asa de outra pessoa e infelizmente as relações pessoais dão muita margem para que isso aconteça. Dar vazão a isso raramente termina bem.

4
REMUNERAÇÃO DOS VENDEDORES: COMISSÃO FIXA OU MISTA?

> Entrevista exclusiva com o especialista
> **LUIZ GAZIRI** – Autor, palestrante e um dos pensadores mais provocativos da geração atual.
>
> ACESSE O QR CODE E CONFIRA

Um item essencial para a contratação de um bom vendedor é a compensação financeira, ou seja, a maneira como o vendedor ganhará seu dinheiro. Para isso, vamos analisar três formas:

- Salário fixo;
- 100% comissão;
- Misto (fixo + comissão).

A forma correta depende do produto ou serviço que a empresa vende e de sua estratégia de venda.

Por que falo da estratégia? A escolha da remuneração do vendedor deve ser feita de acordo com o objetivo geral do marketing da empresa, já que ela serve tanto para motivar quanto para orientar suas atividades. Ou seja, se a estratégia de marketing definir que é necessário conseguir novas contas para ganhar *market share*, poderá ser pago um bônus ou algum benefício a cada nova conta. Agora, se a estratégia for aumentar a margem de lucro por cliente já existente, você pode premiar pelo volume de recompra ou pelo índice de satisfação. Isso também ajuda a definir qual o perfil de vendedor que a empresa deverá ter em mãos.

Para entender suas diferenças e quais as vantagens e desvantagens dos modelos, vamos analisar as informações nos quadros apresentados por Raúl Candeloro (2008), na revista *VendaMais* (indispensável para qualquer profissional de vendas), utilizando os modelos definidos por Zoltners e Sinha (2004).

❯❯ DIFERENÇAS DOS MODELOS DE COMPENSAÇÃO FINANCEIRA

Salário fixo	Comissão
• Recompensam-se os resultados de longo prazo;	• Recompensam-se os resultados de curto prazo;
• Força de vendas concentrada em atividades;	• Força de vendas concentrada em resultados;
• Cultiva e preserva os negócios já existentes;	• Caçadores buscando sempre novos negócios;
• Controles rígidos;	• Vendedores mais livres;
• Orientação para trabalho em equipe;	• Orientação para o "herói" (individual);
• Melhores talentos são desenvolvidos dentro da empresa;	• Melhores talentos são levados para a equipe de vendas;
• Prefere-se a estabilidade;	• Prefere-se arrojo e iniciativa;
• A administração não valoriza os vendedores ou não quer "discriminá-los".	• A administração vê vendedores como embaixadores da empresa.

Fonte: Adaptado do Manual Completo para Acelerar a Força de Vendas (Zoltners e Sinha, 2004).

O salário fixo como compensação para o vendedor é usado em negociações que exijam ciclos mais longos, em que tenha a necessidade de um conhecimento mais aprofundado do produto ou serviço, ou seja, do que é conhecido como vendedor técnico. As vantagens e desvantagens do salário fixo podem ser observadas a seguir.

❱❱ VANTAGENS E DESVANTAGENS DE SALÁRIO 100% FIXO

Vantagens	Desvantagens
• Vendedor com renda regular garantida; • Alto grau de lealdade; • É fácil trocar territórios, clientes e contas; • Fácil de administrar; • Custos fixos de venda fáceis de calcular.	• Vendedores vendem produtos e serviços mais fáceis de serem vendidos; • Não existe incentivo para melhorar performance; • Acomodação; • Favorece os piores vendedores.

Fonte: Manual Completo para Acelerar a Força de Vendas (Zoltners e Sinha, 2004).

O salário 100% comissionado parece, teoricamente, ser o ideal para a empresa, já que diminui o custo fixo e estimula os vendedores a serem mais agressivos. Na prática, existem alguns ônus na escolha dessa remuneração, como, por exemplo, a falta de trabalho em equipe e a discrepante diferença na remuneração dos vendedores. Vamos analisar seus prós e contras.

❱❱ VANTAGENS E DESVANTAGENS DE 100% COMISSÃO

Vantagens	Desvantagens
• Pagamento de acordo com resultados, custos de acordo com volume de vendas; • Sistema fácil de medir e entender; • Maior incentivo — vendedor precisa investir tempo e energia para ganhar mais; • Vendedor passa a ser um microempresário.	• Vendedores dão maior ênfase ao volume do que ao lucro; • Não existe muita lealdade à empresa; • Diferença muito grande de remuneração dentro da mesma equipe; • Tendência a não fazer pós-vendas; • Problema sério para trocar territórios.

Fonte: Manual Completo para Acelerar a Força de Vendas (Zoltners e Sinha, 2004).

Com o pagamento misto (fixo + comissão), a empresa acaba evitando os problemas dos extremos 100% fixo ou 100% comissão. Este tipo também leva a resultados ainda mais satisfatórios, quando bem alinhado com uma política de incentivo. O detalhamento desse modelo pode ser visualizado na tabela abaixo.

❯❯ VANTAGENS E DESVANTAGENS DE PAGAMENTO MISTO

Vantagens	Desvantagens
• As vantagens dos outros dois; • Maior flexibilidade e controle; • Dá um pouco mais de segurança à equipe de vendas; • Existe um leque maior de possibilidades para premiar e motivar.	• Um pouco mais complexo para controlar; • Se a comissão é alta em relação ao fixo, os vendedores vão embora quando a coisa fica difícil; • Objetivos de curto e longo prazos se misturam, e os de curto prazo sempre ganham.

Fonte: Manual Completo para Acelerar a Força de Vendas (Zoltners e Sinha, 2004).

Como você pode observar e comparar, existem vantagens e desvantagens em todas as escolhas. No mercado, são raras as empresas que trabalham somente com fixo (geralmente isso se dá, como foi dito antes, em processos muito longos de venda).

Os modelos de remuneração estão cada vez mais sendo um dos principais responsáveis pelos resultados comerciais.

Muitas empresas estão inclusive pagando um fixo baseado na média do rendimento com a comissão dos últimos 6 meses ou 1 ano. O benefício disso é que você diminui muito a possibilidade dos vendedores fazerem qualquer coisa por causa da comissão. Quando a comissão representa um percentual muito grande dos ganhos do vendedor, ele caba tendo uma tendência maior para mentir ou forçar a venda. Isso faz com que o NPS (NET PROMOTER SCORE), ferramenta para medir a satisfação do cliente, acabe despencando.

Mas esse tipo de remuneração precisa de um trabalho de adaptação cultural porque mesmo que o vendedor esteja ganhando uma média de salário de 8.000 reais a mais de um ano, ele ainda acredita que o céu o limite para ele, que ele pode ter ganhos infinitos com comissão. Então, mesmo isso não sendo uma verdade, na cabeça dele ele está sendo "podado" de ganhar mais. O processo misto não é uma fórmula mágica, mas é a opção mais utilizada atualmente, afinal, dá uma certa segurança ao vendedor (salário) e, ao mesmo tempo, estimula-o com a comissão (dinheiro) e outros benefícios, como viagens, brindes, seguro para o carro, curso para os filhos. Enfim, milhares de formas para impulsionar ainda mais os resultados dos vendedores.

> ⚠ **IMPORTANTE**
>
> Se optar por premiações, não se esqueça de que elas devem ser flexíveis! Cada vendedor tem suas necessidades. Você não pode incentivar um vendedor de 20 anos da mesma maneira como incentiva um de 50 anos. Caso contrário, sua estratégia pode ser uma ferramenta desmotivadora!

O pagamento da comissão deve ser algo discutido com o financeiro da empresa de forma detalhada e bastante estudada. Tive uma experiência com uma empresa que dizia pagar 25% de comissão do lucro de cada contrato. Logo nas primeiras visitas, já orientei que os responsáveis refizessem os cálculos, pois esse valor não era condizente com o mercado (leve em consideração o que está sendo pago no mercado!). Resumindo, a empresa quebrou e nunca pagou os 25%.

≫ COMO PAGAR COMISSÃO PARA OS VENDEDORES

Existem diversas estratégias para comissionar seus vendedores de maneira a impulsionar seu desenvolvimento e retribuir os esforços dedicados. Afinal, o vendedor é uma figura muito importante para a empresa e deve ser valorizado.

Apresento a você cinco alternativas para comissionar seus vendedores. O mais importante é considerar que cada sistema de comissão se adéqua melhor a um tipo de configuração e, portanto, você deve buscar o que funciona melhor para sua empresa. Se tiver dificuldade em decidir, procure testar cada um deles de maneira periódica ou mesmo contratar uma equipe de consultoria externa.

Comissionar os vendedores é uma das formas de mantê-los motivados e engajados a dar o melhor de si. Sem esse incentivo, talvez a sua equipe simplesmente não funcione no potencial máximo.

Lembre-se de que comissionar os vendedores não significa necessariamente oferecer dinheiro ou qualquer outro tipo de vale, mas uma bonificação pelo desempenho. Caso você chegue à conclusão de que dinheiro não funciona, procure oferecer outros benefícios, como folgas extras, viagens, presentes ou qualquer outra coisa que motive seus vendedores.

> Assim como o cliente compra pelas razões dele, o vendedor vende pelas razões dele. Se ele não encontra um propósito forte para se desenvolver e vender mais, a tendência é que passe a agir como balconista.

A comissão é um dos principais pilares quando se fala em remuneração de vendedores. Para diversos setores do mercado, essa é também uma das ferramentas mais importantes para motivar e impulsionar a produtividade da equipe.

Dependendo de como funcionem as coisas entre o gestor e a equipe, seja você gerente ou vendedor, táticas diferentes funcionarão de formas diferente. Portanto, atenha-se ao que funciona para você e não se esqueça de que o plano de comissões é muito mais que um mero incentivo. Na verdade, ele é uma ferramenta estratégica.

Então, vamos às principais dicas.

1) Comissão por venda

Este é um dos modelos de comissionamento mais usados. Praticamente todas as lojas de varejo trabalham com base nele. Se ficou na dúvida, basta se lembrar de que comissão é aquele percentual em relação ao valor do produto que o vendedor recebe ao concluir uma venda, geralmente variando em torno de 5% a 10%.

A grande vantagem deste modelo é ser bem simples e poder ser usado em praticamente todo setor. Salvo raras exceções, este padrão de comissionamento costuma ser bastante eficaz, dispensando complicações.

Uma das principais desvantagens dele é a questão da margem de lucro. Se você lucra na quantidade de produtos vendidos, com certeza esse modelo não é o mais indicado, pois uma taxa de comissão muito baixa provavelmente deixará o vendedor desmotivado.

Vantagens: simplicidade e eficácia.
Desvantagens: dificuldade de flexibilizar.

É muito comum que lojas de eletrodomésticos e eletroeletrônicos trabalhem com base neste tipo de comissionamento, pois a quantidade de vendas nos períodos praticados são razoáveis para estimular o vendedor. Se você busca praticidade, esse é o melhor modelo para sua empresa.

2) Comissão por faturamento

O sistema de comissão por faturamento é basicamente como o sistema de comissão por venda, só que calculado em função do desempenho da equipe. A soma das arrecadações da empresa, ou **receita**, é dividida entre os vendedores de acordo com a porcentagem que cada um deve receber.

Este modelo é parecido com o pagamento de dividendos aos acionistas, que muitas empresas de capital aberto oferecem. A ideia é reforçar a relação com as figuras de importância para as atividades da empresa. No seu caso, os vendedores estão entre elas.

Vantagens: não demanda grande fluxo; oferece alta permanência de vendedores.
Desvantagens: mais complexo de controlar.

Se preservar os vendedores é prioridade na sua empresa, esse é um modelo que funcionará muito bem, pois reforça o espírito de equipe e remunera adequadamente em função do desempenho.

Uma contrapartida é ele ser mais difícil de controlar do que o anterior, visto que alguns cálculos mais específicos precisam ser efetuados.

3) Comissão por margem de lucro

Este sistema é parecido com a comissão por faturamento, só que é calculado em função dos lucros obtidos pela empresa, em vez de com base na receita. Este é um modelo excelente caso sua empresa tenha custos de produção mais elevados.

A comissão por margem de lucro também é calculada de maneira coletiva. Ou seja, a bonificação é realizada em função do desempenho da equipe, não do vendedor.

Vantagens: *leva em conta os custos de produção.*

Desvantagens: *oferece menores retornos aos vendedores; é mais complexo de efetuar.*

Se a margem de lucro da sua empresa é baixa e você acha necessário oferecer comissão em função do desempenho, este é um modelo fortemente indicado para você.

Além de ser um pouco mais complexo de efetuar, este sistema oferece bonificações menores. Por ser baseado na margem de lucro, e não no valor da venda, talvez as porcentagens praticáveis para o seu planejamento não sejam as ideais para se obter o efeito desejado.

4) Comissão por recebimento

A comissão por recebimento é, como o nome sugere, um sistema de comissionamento baseado nas entradas do fluxo de caixa, e não nas vendas em si.

Este modelo é fortemente indicado se você tem o objetivo de incentivar os vendedores a fechar mais vendas à vista, pois a comissão que eles receberão está atrelada ao pagamento dos clientes, não à quantidade vendida. Diferentemente do que acontece na comissão por venda, a comissão por recebimento bonifica os vendedores em função dos faturamentos da empresa. Assim, é recomendada para empreendimentos que trabalham com muitas vendas a prazo, pois a comissão dos vendedores acompanha as entradas do fluxo de caixa.

Vantagens: *só comissiona quando o cliente paga.*

Desvantagens: *não possui efeito motivador tão intenso.*

5) Bônus por rendimento

É aqui que aquela dica a respeito de a comissão não precisar ser necessariamente paga em dinheiro vai fazer mais efeito. O bônus por rendimento pode ser orientado tanto pelo número de vendas quanto pelos resultados apresentados.

Entre esses resultados, podem estar fatores que você considere importantes para a empresa, como inovação, comunicação, criatividade etc. O principal é certificar-se de ser claro e objetivo no momento de definir esses critérios para estabelecer a bonificação por rendimento.

Vantagens: amplas possibilidades de utilização.

Desvantagens: maior possibilidade de não surtir o efeito esperado.

Vale ressaltar que um aspecto importante na hora de implementar diferentes bonificações é estabelecer uma boa comunicação com o vendedor. Se você oferecer algo que não o agrade, o tiro vai sair pela culatra e você corre o risco de desmotivá-lo ou mesmo de perdê-lo.

Por exemplo: digamos que você ofereça uma viagem para um lugar bem bacana. Se seus vendedores não recebem um valor razoável para bancar despesas como hotel, alimentação ou passeios, você precisa oferecer o pacote completo. Pelo menos passagem e hotel precisam estar inclusos.

Resumindo, trate seu vendedor como se ele fosse seu cliente: ofereça algo que gere valor para ele.

Depois de ver essas dicas de como remunerar os vendedores, fica a pergunta: Qual modelo de comissionamento é o mais indicado para minha empresa?

Bem, ninguém melhor do que você mesmo para responder a essa pergunta, não é mesmo, caro gestor? Lembre-se de considerar os aspectos mais importantes do seu negócio, de manter uma **comunicação genuína** com os vendedores e de oferecer comissões que despertem o interesse deles, seja dinheiro, uma viagem com tudo pago, uma cesta de café da manhã ou até mesmo um grande prêmio, como um carro, se for o caso. O importante é que o sistema de comissionamento esteja conectado com a **estratégia** e os **objetivos** da empresa.

Como a maioria das coisas na vida, não existe fórmula pronta. Você precisa ser criativo e eficaz para oferecer algo que desperte o interesse dos vendedores e não prejudique as atividades da empresa. Se tiver dificuldade, contrate uma empresa de consultoria externa para ajudá-lo nessa tarefa.

5
DEVERES X DIREITOS

Todos nós, como cidadãos, temos direitos e deveres (na prática, muito mais deveres do que direitos), que devem ser cumpridos a qualquer custo; caso contrário, ficamos automaticamente sujeitos a punições. Assim, dentro das empresas, não pode ser diferente: vendedores devem ter seus direitos e deveres, e tanto a empresa quanto o funcionário devem saber quais são eles, sem que haja nenhuma dúvida.

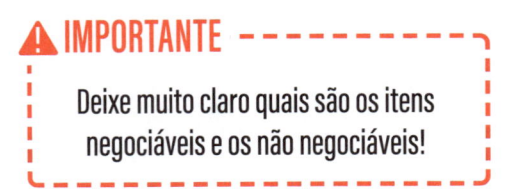

> ⚠ **IMPORTANTE**
> Deixe muito claro quais são os itens negociáveis e os não negociáveis!

O cumprimento do que é acordado traz uma relação de confiança e crença, enquanto o não cumprimento traz o sentimento de injustiça, um dos mais desmotivadores dentro do ambiente de trabalho.

Imagine participar de uma partida de um esporte sobre o qual você não sabe quase nenhuma regra... Não lhe parece muito atrativo, não é?

Para que as regras não virem exceções e para que nem os gestores nem os vendedores tenham discussões e "dor de cabeça", faça uma cartilha. Uma ferramenta antiga e simples, mas que, acredite, é pouquíssimo utilizada pelas empresas, principalmente no setor de vendas.

É nessa cartilha que você deve colocar tudo o que considera indispensável para o vendedor saber, principalmente os direitos e deveres tanto do vendedor quanto da empresa. Além disso, é importante fornecer também:

- Histórico da empresa;
- Missão;
- Valores;
- Uniforme;
- Horário de trabalho;
- Formas de pagamento;
- Férias;
- Ausências;
- Bonificações;
- Benefícios extrassalariais;
- Postura profissional;
- Procedimento de atendimento ao cliente;
- Procedimento de pós-venda;
- Outros itens relevantes para a empresa.

Para a apresentação dessa cartilha:

- Faça uma integração;
- Faça uma apresentação da empresa aos novos vendedores;
- Tire um período do dia (ou mesmo um dia todo) para que o novo vendedor conheça todos os setores e aprenda tudo sobre a empresa;
- Prepare um café da manhã para esse evento;
- Entregue uma agenda personalizada da empresa (todo vendedor precisa ter uma — alguns já recebem um tablet!);
- Se possível, tenha a presença do diretor da empresa. Se não, entregue ao vendedor uma carta assinada de próprio punho pelo diretor.

Enfim, faça com que esse primeiro dia, esse primeiro momento da verdade, seja o mais íntimo do vendedor com a empresa. Esse evento deve ser uma oportunidade de valorizá-lo como pessoa e de deixar bem claro que a empresa conta muito com seus resultados.

Na hora de montar a cartilha, não se esqueça de deixar as duas últimas folhas para que o vendedor e o responsável pela empresa assinem. A assinatura dará um tom de comprometimento maior. Uma via fica com você, e a outra, com ele. Veja um exemplo abaixo:

> Eu, _____,
> firmo este documento, pois estou ciente das normas da empresa e concordo com meus deveres e direitos citados nesta cartilha.

⟫ BOA COMUNICAÇÃO, BONS RESULTADOS

Sempre que tenho a oportunidade, reforço a importância de realizar a **integração**, ou como alguns preferem chamar, o onboarding. Seus funcionários são como suas ovelhas: se você não os conduzir, eles acabarão se perdendo. Parece uma analogia boba, mas ela resume bem a relação do gestor com o resto da equipe.

As pessoas têm pensamentos, valores, reações e modos de agir diferentes, e é justamente isso que torna o setor de recursos humanos um dos mais difíceis de conseguir resultados. Quando lideramos pessoas, não podemos nos esquecer de que estamos lidando com seres humanos, que têm características diferentes.

Sua missão como gestor e líder da equipe de vendas é orientar essas características da forma mais produtiva possível. Pense comigo: Se cada pessoa é diferente, não é mais interessante orientar cada um de acordo com sua personalidade, em vez de forçá-lo a ser alguém que simplesmente não é?

Entre as atividades que você pode implementar para melhorar sua comunicação com os vendedores, estão:

- Fazer breves reuniões diárias ou semanais;
- Juntar-se a eles nas vendas, quando possível;
- Conversar sobre temas não relacionados ao trabalho nos intervalos;
- Instalar um mural de avisos onde todos possam ver;
- Formar um grupo de WhatsApp com os vendedores.

Obviamente, existem momentos específicos em que certas ações são necessárias, em que o vendedor vai precisar se virar para resolver um problema com que não está acostumado. Mas, tirando as exceções, o melhor que você pode fazer é aproveitar essas características de cada um para gerar **resultados**.

Tem sempre aquele vendedor que se acha o tal, ou aquele vendedor bonzinho que tem pouca iniciativa. Em vez de demitir um deles, experimente colocá-los em um setor cuja realidade esteja mais próxima de cada um. Problemas todo mundo tem; a questão é como resolvemos lidar com eles.

Enfim, por que resolvi falar sobre características e personalidade neste capítulo, que é sobre direitos e deveres do vendedor? Simplesmente porque você, como líder de equipe, precisa aprender a se comunicar bem para definir esses parâmetros tão importantes. E a base para uma boa comunicação é **entender seu funcionário**.

Assim como o vendedor precisa entender o cliente para aumentar suas chances de fechar a venda, um bom gestor deve entender cada membro da sua equipe para desenvolver uma boa comunicação e, consequentemente, um bom relacionamento.

> Você precisa se comunicar bem com seus vendedores para saber o que oferecer como benefício e o que cobrar deles como obrigação.

Ainda que você e o vendedor sejam completamente diferentes, ambos precisam entender que têm suas responsabilidades. E você, como líder, deve tomar à frente dessa situação, usando todas as ferramentas de comunicação que estiverem ao alcance para esclarecer todo e qualquer mal-entendido.

Agora, começa a fazer mais sentido falar de personalidade, certo? Você não pode obrigar as pessoas a serem quem gostaria que elas fossem, mas pode aumentar suas vendas se souber preservar a **harmonia** no ambiente de trabalho e aproveitar as individualidades de maneira mais produtiva. Logo, é de suma importância que você conheça seus vendedores tão bem quanto for possível.

Na hora da integração, pode ser que você não tenha tempo disponível para conhecer todos. Nesse caso, procure informar os direitos e deveres de cada um de maneira simples e resumida, com o objetivo de ir moldando esses parâmetros aos poucos durante a fase de treinamento ou mesmo depois dela.

Eis um exemplo de uma tabela que informa os direitos e deveres dos vendedores 1 (interno) e 2 (externo), de maneira simples e objetiva.

❱❱ VENDEDOR 1 (INTERNO)

Direitos	Deveres
Folga semanal;	Ser pontual;
Intervalo de 15 minutos;	Usar uniforme;
Chegar mais tarde (mediante disponibilidade).	Permanecer no seu setor.

❱❱ VENDEDOR 2 (EXTERNO)

Direitos	Deveres
Folga semanal;	Cumprir o número diário de visitas;
Horário flexível;	Prospectar x clientes semanalmente;
Vale-refeição.	Elaborar relatório de atividade semanal.

Por isso é tão importante que você conheça seus vendedores. Trabalhar em equipe, às vezes, exige **flexibilidade**. Não existe outra maneira de conseguir que todos se dediquem aos mesmos objetivos que não seja esclarecer e coordenar os direitos e deveres de cada um.

» ESFORÇOS INDIVIDUAIS, RESULTADOS COLETIVOS

A grande importância de esclarecer as obrigações e limites de cada membro da equipe é poder convergir a dedicação individual para a conquista de objetivos e metas, que são coletivos.

Se cada membro do seu time souber exatamente o que deve fazer e o que pode fazer, você terá menos trabalho para administrar questões do cotidiano e poderá se concentrar em objetivos mais amplos. Afinal, um bom líder deve estar sempre com a mente voltada ao futuro.

Ninguém é tão forte, inteligente e competente quanto a equipe inteira. Sua missão como gestor é mostrar isso aos vendedores, de maneira que cada um saiba da importância que seu trabalho tem.

> Ao convergir esforços individuais para resultados coletivos, os ganhos são muito maiores para todos. Ao contrário do que se costuma pensar, o trabalho em equipe não beneficia o chefe, a empresa ou o colega, mas cada um desses.

Para exemplificar isso de maneira prática, durante a próxima reunião, pergunte aos colaboradores da sua equipe o que aconteceria se eles ficassem apenas uma venda abaixo da meta do mês. A resposta, eu espero que você saiba: seu desempenho seria **regular** ou **insatisfatório**. Isso significa que, se apenas uma venda a mais tivesse sido realizada, o objetivo teria sido atingido.

Essa pergunta serve para despertar a reflexão e conscientizar os membros da equipe de que cada venda importa e muito. Eles se lembrarão dessa questão sempre que se sentirem tentados a desistir de um cliente por motivos inválidos, como preguiça, resistência sem argumento ou aquela famosa frase: "Mais tarde eu volto."

Não existe segredo para ser um líder excepcional, mas acabei de lhe dar a dica mais importante. Se adotar a missão de convergir os **esforços individuais** para os **objetivos coletivos**, se tomar toda atitude e decisão com esse objetivo em mente, tudo será mais fácil. Isso porque a essência de um líder excepcional é justamente essa.

Tempo é o que mais se perde quando o vendedor não está ciente das suas obrigações. Ele perde horas preciosas do dia buscando sozinho um caminho que alguém com mais experiência poderia facilmente indicar. É como tentar chegar a um endereço sem GPS: não é impossível, porém com certeza é mais demorado e trabalhoso. E, quando falamos em vendas, **perder tempo é perder dinheiro**.

É espantosa a quantidade de colaboradores que começa o dia sem conseguir responder à simples pergunta: "O que eu preciso fazer hoje?" E é aí que eu pergunto a você, gestor: Como você espera que seus vendedores atendam àquilo que foi exigido, que batam as metas e aprimorem suas habilidades de vendas se eles não sabem o que precisam fazer?

Experimente fazer o seguinte: amanhã, quando chegar à sua empresa, pergunte aos seus vendedores se eles sabem o que precisam fazer até o final do dia. Se muitos não souberem responder, procure começar o dia com uma breve reunião sempre que for possível, para deixar claro o que é prioridade e o que não é.

Lembre-se de que o vendedor, como qualquer outro colaborador da empresa, vai fazer o que lhe for mandado. E, se você, gestor, não lhe atribuir nenhuma tarefa, ele vai fazer o que achar melhor. Multiplique isso pela quantidade de vendedores que você orienta, para ter uma dimensão da catástrofe que será cada um fazendo o que acha melhor.

Não esqueça: trabalhar em equipe é convergir os esforços individuais para os objetivos coletivos, e isso só vai acontecer se você orientar esses esforços. Portanto, trate de ser claro e objetivo.

6
SUPERVISIONANDO/ GERENCIANDO OS VENDEDORES

Até agora, definimos para quem eu vendo, o tamanho da força de vendas, como fazer o recrutamento dos vendedores, a remuneração dos vendedores e seus direitos e deveres. Agora, vamos falar do gestor comercial. Assim como em um curso, no colégio, na faculdade ou em uma pós-graduação, sabemos que é o professor quem puxa o ritmo da aula; nas vendas, é o gerente quem vai ditar o ritmo dos funcionários e garantir o bom resultado das vendas. Se tivermos um bom professor/gestor, que incentive, traga novas perspectivas, entenda muito bem do assunto e nos envolva, a tendência é que o rendimento seja muito maior.

Supervisionar ou gerenciar vendedores é uma tarefa de ação e gestão muito parecida com a de um professor, só que, além de incentivar, ensinar e avaliar os alunos (vendedores), ele tem que ir a campo também.

Tão importante quanto ter consciência e controle dos números e resultados que os vendedores estão produzindo é ensiná-los a alcançar o resultado desejado. Por isso, o gestor comercial tem que ser, por muitas vezes, quase um professor infantil!

Infantil? Isso mesmo. Principalmente se, na escolha do recrutamento de vendedores, o perfil escolhido seja o de pouca experiência. Nesses casos, é preciso "pegar na mão" e acompanhar o iniciante aos clientes, revisar seus conhecimentos com "provinhas surpresas", ensinar a ele como utilizar bem o tempo e até como se vestir. O papel do gestor deve ser o de *coach!*[1]

> " O *coaching* leva à tomada de consciência. Potencializa escolhas e leva a mudanças. Ele libera o potencial da pessoa para maximizar o desempenho. O *coaching*, mais do que ensinar, ajuda as pessoas a aprender."
>
> www.lambent.com

O gestor deve ter (sem dúvida nenhuma) o **conhecimento técnico** ou a **habilidade técnica** de sua atividade, mas, quanto maior for seu nível de gestão, maiores ainda devem ser suas **habilidades humanas** e, principalmente, suas **habilidades conceituais**.

O desenvolvimento da **habilidade humana** é fator preponderante para trabalhar efetivamente com pessoas e desenvolver equipes. Afinal, se você não gosta de pessoas, você está no lugar errado.

Já a **habilidade conceitual** é a capacidade de elaborar estratégias e planejamentos, analisando necessidades e consequências em longo prazo.

Os objetivos e metas estão aí, precisam ser alcançados, e você é o líder e responde pelos resultados. Para que os números venham, você precisa de uma **equipe**, um time, e não somente um grupo.

» EQUIPE X GRUPO

- **EQUIPE OU TIME:** conjunto de pessoas com o mesmo objetivo.
- **GRUPO:** conjunto de pessoas com interesses e objetivos diversos.

Avalie como você está em cada uma de suas habilidades, pois a empresa e os vendedores precisam de você.

Certa vez, fui conversar com o gerente de vendas em uma concessionária na cidade de Bauru, interior de São Paulo (minha cidade natal), e sua secretária me disse para eu esperar, pois ele estava aplicando uma "provinha" a seus vendedores. Logo depois da avaliação, quando conversamos, perguntei se ele usava essas notas para instigar a disputa entre os vendedores e me surpreendi quando ele me disse que não, que, no perfil dos vendedores existentes ali, isso serviria apenas para criar um desconforto empresarial. Então, as notas não eram divulgadas para todos. O vendedor sabia somente a sua própria nota.

O procedimento de comparar metas, notas e números entre os vendedores é essencial para as vendas, mas pode ser perigoso se mal trabalhado. Se você bater na tecla de que ninguém consegue chegar ao campeão de vendas (com o intuito de "cutucar" os outros vendedores), poderá ter uma situação de desgaste e desmotivação, pois:

1. Vai desencorajar os outros vendedores, que acharão realmente que nunca chegarão à liderança;
2. Vai criar um campeão de vendas arrogante e um desconforto entre a maioria.

Portanto, saiba criar o espírito de competitividade, indispensável para qualquer vendedor, sem deixar que a disputa e as brigas tomem conta da empresa. Crie fórmulas lúdicas e que funcionem além da cobrança, que sejam uma verdadeira interação entre os vendedores. Por exemplo: em concessionárias ou garagens que vendem carros, é muito comum cada vendedor ser visto como um carro, e a tabela de controle de metas, como uma pista de corrida!

Dependendo do setor de atuação, é possível usar personagens de filmes, desenhos animados ou, se você fizer vendas por telefone e estiver em um período curto de campanha, criar um tema e caracterizar seus vendedores de acordo com ele. Um exemplo bastante usado é o tema *Tropa de Elite*, em que todos os vendedores podem se caracterizar de policiais. Enfim, escolha a maneira mais criativa e tente motivar a sua equipe. Porém, é preciso tomar cuidado com o assédio moral! Todas as brincadeiras e cobranças devem ser feitas dentro do limite do respeito. O importante é criar um clima competitivo, saudável, o que eu chamo de "competitividade interna sustentável".

Você, gerente, não deixe de:

- **ACOMPANHAR SEUS VENDEDORES:** faça o roteiro mensal com seus vendedores. É impressionante como, na semana em que você for sair a campo, eles terão muito mais visitas!
- **ACOMPANHAR SEUS CLIENTES:** separe alguns clientes e ligue para saber como estão. Existem muitas coisas que os clientes não falam para o vendedor, mas falam para o gerente;
- **LER E ANALISAR OS RELATÓRIOS:** os vendedores odeiam fazer relatórios; muitos acham que é uma enorme perda de tempo. Leia e dê feedback de tudo. Se eles mandam por e-mail e você só responde "Ok, recebido", eles vão achar realmente que é uma perda de tempo. Responda (por e-mail ou na reunião semanal) pontuando cada item e mostre o que está melhorando na empresa graças às informações que eles trazem nos relatórios. Monte um relatório eficaz, escute a

opinião dos seus vendedores e veja quais são as informações que acreditam ser relevantes para as suas vendas. O relatório deve ser prático e rápido, senão o vendedor se cansa!

Com um relatório eficiente, você consegue obter informações sobre:

1. Número médio de visitas por vendedor;
2. Tempo médio de visitas;
3. Receita média por visita;
4. Custo médio por visita;
5. Porcentagem de pedidos por número de visitas (taxa de conversão);
6. Número de novos clientes por vendedor;
7. Número de clientes perdidos;
8. Custo da força de vendas em relação ao total de vendas.

- **LER SOBRE SEU RAMO DE NEGÓCIOS E PERIFÉRICOS:** assine revistas especializadas (*VendaMais, Exame, Você S/A, Consumidor Moderno*) e assine sites que enviam textos e estudos do seu mercado; muitos deles são gratuitos. O hábito da leitura faz com que você crie links sobre os assuntos que lê. A partir daí é que começam a se criar as ideias! Compile esses dados e passe-os para seus vendedores;
- **AVALIE SEUS VENDEDORES:** "incomode" seus vendedores; esteja sempre testando seus conhecimentos, atitudes e habilidades. Nas visitas ou nas simulações de vendas, avalie quais são os pontos fortes e os pontos fracos, dê nota e avalie-os a cada nova visita ou reunião. Pergunte-lhes periodicamente quais são seus pontos fracos e o que estão

fazendo para melhorá-los. Não deixe de fazer a pergunta: "O que eu posso fazer para deixar vocês ainda melhores?";

- **OUVIR SEUS VENDEDORES:** existem inúmeras técnicas para isso, mas o mais importante é dar retorno do que foi ouvido e mostrar o que foi feito com as informações que você recebeu de cada vendedor.

Uma boa técnica, usada em pesquisas e para a resolução de problemas, é o *focus group*. Você reúne seus vendedores, seleciona alguns temas que estão emperrando as vendas e os coloca em discussão, por exemplo:

> Grande parte dos clientes está reclamando do preço.
> Os clientes estão reclamando da demora na entrega.

Seja o mediador dessa "discussão". Você ficará impressionado com as ideias e perceberá que, na maioria das vezes, eles mesmos vão solucionar o problema. Não se esqueça de colocar um tempo limite para cada tema.

E, por último, controle. É necessário controlar, controlar e controlar. Porém, quando digo controlar, não me refiro a "colocar cabresto" em vendedores, e sim a ter controle das informações e dos resultados.

Vendedor não gosta de ser controlado, mas precisa ser avaliado de perto, e não gosta de ter chefe, mas precisa ser incentivado todos os dias. Não é fácil receber um punhado de "nãos" por dia, não é fácil saber quando seu cliente vai querer "experimentar" outro produto/serviço e, por fim, não é fácil ficar com a incerteza de até quando aquele comprador, que é amigo do vendedor, vai trabalhar na empresa. Enfim, as dúvidas são muitas e exigem habilidade do gestor para incentivar a equipe. É preciso perceber que o gestor não está sozinho, e que ele deve colocar esse controle das informações a seu favor.

» INFORMAÇÃO E CONHECIMENTO

Em uma das empresas por onde passei, logo no início, procurei saber quais eram as informações que a própria empresa possuía sobre o mercado, seus concorrentes (4 Ps: produto, preço, praça/distribuição e promoção/comunicação), sua atuação (vendedores, responsáveis pelo atendimento ao cliente) e, principalmente, sobre seus clientes. Enfim, seu sistema de inteligência competitiva. Resposta: praticamente zero, nada. Até então, nenhuma surpresa. A maioria das empresas está nessa situação.

» AÇÃO!

Coloquei uma pessoa responsável por fazer pesquisas de satisfação com os clientes. Dói escutar que você está fazendo errado, porém, dói mais ter que demitir funcionários ou, até mesmo, fechar as portas porque não vende. É preciso saber se estamos no caminho certo! Além disso, essa mesma pessoa fazia o trabalho de relações públicas, enviando informações da empresa aos meios de comunicação, para conseguirmos mídia espontânea.

No departamento de atendimento ao cliente da empresa X, havia uma média de 13 reclamações por mês. Para resolver o problema, pedi que me enviassem relatórios semanais sobre o atendimento. Com esses documentos em mãos (**leia os relatórios! Há muitos gestores de vendas que exigem relatórios, mas não param para analisá-los e/ou não dão feedback aos seus colaboradores**) e reuniões semanais com o pessoal do atendimento, chegamos a passar vários meses sem receber nenhum tipo de reclamação! O que, para os vendedores, antes era motivo de desespero nas objeções tornou-se um argumento de vendas de extrema importância:

> ❝ 'Nós temos o melhor sistema de atendimento do mercado', diziam os vendedores, com orgulho!"

Com os vendedores, criamos uma minibiblioteca com livros e revistas (*VendaMais*, *Consumidor Moderno* e outras da área). Além disso, durante as reuniões mensais, esses vendedores recebiam textos sobre a área de vendas para serem analisados e discutidos no dia a dia. Os vendedores e até os outros funcionários começavam a falar sobre textos na hora do cafezinho e nos corredores da empresa.

Viu? Não é difícil nem caro criar uma cultura de excelência e conhecimento em sua empresa; 90% disso depende de boa vontade e comprometimento, SÓ! Crie e disponibilize informações para seus funcionários. Caso não tenha essas informações, ou se elas estiverem perdidas (divididas entre funcionários, pesquisas antigas, portfólio de concorrentes ou guardadas em gavetas...), e se a empresa não tiver dinheiro para contratar um profissional para este fim, busque parcerias com faculdades na sua cidade. Existem milhares de estudantes muito competentes, "loucos" por uma oportunidade de experiência e por uma chance de ganhar um dinheirinho com isso.

⚠️ **IMPORTANTE**
Não jogue o estagiário dentro da empresa e o abandone! Treine-o e acompanhe-o! Você poderá colaborar na criação de um futuro profissional muito competente!

Alinhe seu discurso e suas ações com o pessoal responsável pela base de dados da empresa e do departamento de atendimento e coloque seus vendedores em reunião com esse pessoal. Você ficará surpreso com as informações que eles possuem e com o resultado que produzirão.

Se não temos controle do que nos cerca, nunca conseguiremos planejar e obter resultados conscientes. Se sabemos "mais ou menos", poderemos ter resultados, no máximo, mais ou menos. Agora, se você possui um grande controle dessas informações (mercado, concorrente, cliente etc.), terá todas as ferramentas em suas mãos para obter resultados extraordinários. Precisamos saber para onde vamos, antes de dar o primeiro passo!

> Se não sabemos para onde vamos, qualquer vento serve!

> " Se você conhece o inimigo e conhece a si mesmo, não precisa temer o resultado de cem batalhas. Se você se conhece, mas não conhece o inimigo, para cada vitória ganha, sofrerá também uma derrota. Se você não conhece nem o inimigo, nem a si mesmo, perderá todas as batalhas."
>
> *Sun Tzu*

Não se contente somente com os relatórios; busque mais informações. Vá com o seu vendedor até os clientes, ligue para os clientes a fim de saber como estão, organize cafés da manhã entre vendedores e clientes, mostre que você está comprometido com os vendedores e com os seus parceiros.

Encomende uma pesquisa de clima organizacional e coloque a questão: "Você confia no seu gerente?" Já fiz isso em algumas empresas, e o resultado pode ser muito diferente do imaginado!

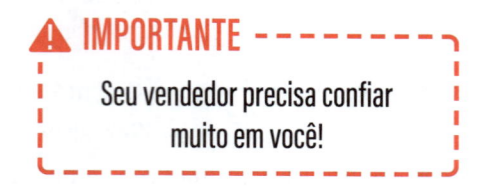

> ⚠ **IMPORTANTE**
> Seu vendedor precisa confiar muito em você!

» COMO FAZER UMA PESQUISA DE SATISFAÇÃO DOS FUNCIONÁRIOS EM 6 ETAPAS SIMPLES

A pesquisa de satisfação dos funcionários é uma ferramenta que visa consolidar e/ou reparar o relacionamento interno da empresa. Quando se trata de vendas, ela é muito útil para aprimorar o relacionamento entre o gestor de vendas e a equipe.

Diferente da pesquisa de satisfação do **cliente**, que se volta ao âmbito **externo**, a pesquisa de satisfação dos **funcionários** é voltada ao âmbito **interno** da empresa. Apesar de ambas terem diversas semelhanças e serem, fundamentalmente, pesquisas de satisfação, procure se lembrar dessa diferença, que é primordial.

Seus vendedores precisam estar unidos como **equipe**, não como grupo. A diferença entre um e outro, vale lembrar, é muito simples: enquanto em uma equipe todos têm um objetivo em comum, em um grupo, isso nem sempre se aplica.

Os funcionários precisam de um bom ambiente de trabalho. Isso nem sempre significa uma máquina de café grátis ou ar-condicionado, mas um ambiente em que exista **espírito de equipe**.

> As **metas** precisam estar claras para todos, e os funcionários precisam sentir que podem contar com seu gerente para orientá-los. Caso contrário, você terá um grupo de vendedores desmotivados, com alta taxa de desistência.

Você gostaria de trabalhar em um ambiente tenso, de comunicação ineficaz, em que todos se sentem desconfortáveis? Bem, ninguém gosta disso. Então, trate de estar sempre conectado à equipe e de mantê-la conectada.

Como motivar a equipe de vendas?

Para manter sua equipe unida e motivada, você precisa entender o que a motiva e o que seus funcionários pensam. Caso contrário, lhes serão dados benefícios que não os atraem, e não existe nada tão desmotivador quanto isso.

Lembre-se de que, assim como o cliente compra pelas razões dele, seus vendedores ficam motivados pelas razões deles.

A pesquisa de satisfação dos funcionários é uma excelente ferramenta para conhecer essa motivação. Recomendo que você a faça periodicamente, de uma a três vezes no ano, pelo menos. Além disso, se não puder contar com o departamento de recursos humanos no momento, procure contratar um consultor externo que seja especialista em clima organizacional.

> ⚠ **IMPORTANTE**
>
> A satisfação dos funcionários reflete a **imagem** da empresa, a **situação organizacional** e a **qualidade da liderança**. Realize uma pesquisa de satisfação para saber se seus funcionários estão animados e motivados. Se a resposta for negativa, reveja esses três itens.

A insatisfação dos funcionários costuma causar outros problemas, como:

- Baixa produtividade;
- Aumento da rotatividade;
- Aumento da tensão;
- Crescimento de conflitos internos;
- Alta taxa de evasão de funcionários excepcionais;
- Grande quantidade de erros, perdas e retrabalho;
- Falhas de comunicação.

Não canso de repetir sobre a importância de olhar para dentro da empresa. Os resultados não vêm apenas de vendas e retornos dos clientes. É necessário voltar sua atenção para as pessoas que são responsáveis pelos resultados: seus funcionários.

A pesquisa de satisfação interna vai ajudá-lo a entender o sentimento que paira no ambiente de trabalho. As informações da pesquisa vão sugerir diretrizes para implementar mudanças, reforçar a comunicação e promover o crescimento da empresa.

Enfim, vamos às seis etapas que você deve seguir para fazer a pesquisa de satisfação.

Etapa 1: Momento certo

A falta de motivação dos funcionários diminui consideravelmente a produtividade. Existem alguns indícios aos quais você deve ficar atento para evitar que isso aconteça. Procure ficar atento ao aumento dos seguintes itens:

- Faltas;
- Atrasos;
- Erros e falhas;
- Taxa de demissão;
- Reclamações dos clientes;
- Tensões entre os funcionários.

Se você identificou um aumento da frequência ou taxa dos itens anteriores, é hora de realizar uma pesquisa de satisfação.

Etapa 2: Planejamento

Há, basicamente, três fatores que você precisa organizar na hora de fazer a pesquisa: **como**, **quando** e **onde**.

- **Como fazer a pesquisa:** dependendo dos problemas que você detectou, organize seus objetivos e defina a estratégia que utilizará na pesquisa para obter os resultados que deseja.

Exemplo: se verificou um aumento de 15% de faltas em relação ao mês anterior, concentre-se em entender por que os funcionários estão evitando a empresa. Os motivos podem ser tanto uma tensão interna quanto um cansaço causado pela rotina.

Primeiro, você precisa se certificar do que está acontecendo, e é por isso que fará a pesquisa. Basear suas decisões no achismo nunca é uma ideia sábia e, aqui, será menos ainda.

- **Quando fazer a pesquisa:** faça a coisa certa na hora certa. Do contrário, você não terá controle sobre os resultados. Procure realizar a pesquisa em momentos mais tranquilos, para que os funcionários tenham a oportunidade de responder sem pressão.

Exemplo: evite fazer a pesquisa logo no começo da semana e próximo aos finais de semana. O ideal é fazê-la em uma quarta ou quinta-feira, um pouco antes do horário de fechamento.

Claro que, dependendo da sua empresa, esses critérios vão variar. Mas procure sempre fazer a pesquisa em momentos de menos agitação, para garantir a precisão dos resultados.

- **Onde fazer a pesquisa:** se possível, reúna os funcionários. Se achar mais coerente, deixe que levem o questionário para casa. O importante na hora de definir o lugar é preservar o sigilo das respostas e evitar a exposição.

Exemplo: se você acha que a razão da falta de motivação é o aumento da taxa de reclamações dos clientes, deixe que façam o questionário em casa. Dessa forma, você deixa os funcionários mais à vontade para respondê-lo.

Aqui, também vai depender da sua empresa. O importante é evitar o constrangimento (por mais que seja individual, se o questionário for realizado em um local apertado, por exemplo, os funcionários podem se sentir expostos).

Enfim, certifique-se de promover uma pesquisa que apresente resultados precisos e evite a ambiguidade.

Etapa 3: Metodologia

Esta é a etapa mais importante, porque exerce influência diretamente sobre os resultados obtidos. Se você acertar nas outras seis etapas e errar aqui, é provável que não tenha precisão nos resultados.

É nessa etapa que você vai organizar a avaliação da pesquisa, atribuindo diferentes níveis de importância a diferentes questões.

Aqui vão algumas sugestões a respeito do que você pode fazer para garantir uma boa metodologia:

- Contratar um convidado externo para orientar o questionário;
- Planejar bem o formato dos questionários;
- Concentrar-se no método de análise;
- Preparar uma pesquisa quantitativa e estatística;
- Definir previamente os critérios de avaliação das respostas.

> ⚠ **ATENÇÃO**
> A metodologia é a essência da pesquisa de satisfação. Investir um tempo a mais nessa etapa diminuirá consideravelmente as margens de erro.

O método é responsável pela construção da pesquisa em si. Atenha-se a ele para garantir que o feedback dos funcionários seja eficaz.

Etapa 4: Execução

A execução da pesquisa diz respeito ao formato: que perguntas serão feitas para buscar os "porquês" que foram definidos na etapa anterior.

Existem três modelos de questionário que funcionam muito bem com a maioria das empresas. Lembre-se de que, como tudo na vida, algumas coisas vão depender do contexto específico em que você está inserido. Sinta-se livre para definir o modelo do questionário da sua pesquisa.

Os três modelos que funcionam, de maneira geral, são:

- **Sim, não ou talvez:** essas três alternativas devem ser usadas para captar opiniões quando o problema for aparentemente simples e específico.

Exemplo: imagine que você está achando que seus vendedores estão desmotivados por causa da falta de comunicação interna. Logo, pode perguntar: "Você gostaria que houvesse reuniões mensais da equipe para discutir questões do trabalho?" Não se esqueça de estabelecer as alternativas como "sim", "não" e "talvez".

- **Múltipla escolha de satisfação:** solicitar a opinião dos funcionários mediante alternativas gradativas (geralmente em três ou cinco níveis de satisfação) ou pedir para que marquem as alternativas que os deixam satisfeitos.

Exemplo: você precisa saber o quanto seus funcionários estão satisfeitos com determinada situação ou configuração que foi implementada, como a contratação de um novo gerente, por exemplo. Pergunte: "O quanto você está satisfeito com o novo gerente?" e peça para que assinalem as alternativas de 1 a 5, em que 1 significa insatisfeito, e 5, muito satisfeito.

- **Múltipla escolha de insatisfação:** o inverso da anterior. Aqui, você deve orientar a pergunta no sentido contrário, buscando saber o quanto o funcionário está insatisfeito com determinada questão.

Em todos os três casos, ou se decidir fazer um questionário diferente, lembre-se de deixar um espaço para que o funcionário opine livremente e expresse o que pensa.

Etapa 5: Análise

Nesta etapa, você analisará as respostas obtidas por meio da pesquisa, com o objetivo de entender quais atitudes tomar em seguida. Neste momento, é importante considerar a contratação de um especialista externo, principalmente se o departamento de recursos humanos da sua empresa não for lá muito forte.

São as respostas que darão o tom das medidas a serem tomadas daí em diante. Então, concentre-se em fazer uma análise precisa dos dados obtidos, para que não haja enganos.

> ⚠ **IMPORTANTE**
> Muitas dessas informações podem virar estratégias para o desenvolvimento da sua empresa. Use-as da maneira mais ampla possível.

Etapa 6: Conclusão

Esta é a última etapa da pesquisa de satisfação do funcionário. Aqui, os dados analisados na etapa anterior farão parte do relatório final, que apresenta, de maneira clara e concisa, as considerações da pesquisa e as medidas que devem ser seguidas a partir daí para resolver os problemas identificados.

Entre os objetivos do relatório final, estão:

- Apresentar as considerações da pesquisa;
- Identificar problemas;
- Sugerir soluções;
- Elaborar um plano de ação.

O objetivo da etapa de conclusão é fornecer os meios para que você possa realizar um **plano de ação**, mediante o relatório final, com todas as medidas necessárias para resolver os problemas que foram identificados.

É comum que as seguintes medidas sejam implementadas:

- Criar um canal de comunicação interno (ou ajustar o já existente) para aprimorar a comunicação entre os funcionários;
- Aumentar a rotatividade dos gerentes ou líderes das equipes;
- Diminuir a rotatividade dos gerentes ou líderes de equipes;
- Melhorar o ambiente de trabalho (com itens físicos ou conceituais).

Dependendo do setor em que você atua, essas medidas serão mais específicas. Seu foco deve ser sempre resolver ou amenizar os problemas sugeridos pela pesquisa.

Procure ser o mais específico quanto for possível na hora de determinar essas medidas. Com objetivos imprecisos, é provável que a equipe volte a ter os mesmos problemas.

Essas foram as etapas da pesquisa de satisfação do funcionário, ou pesquisa de satisfação interna. Lembre-se de que o objetivo é **aprimorar a comunicação** com seus funcionários, afinal, é preciso entendê-los a fim de que haja mais eficácia nos resultados cotidianos. Sem essa comunicação, fica difícil promover um desenvolvimento significativo.

7
DEMITIR

Contratar é uma delícia. Ver o sorriso da pessoa aceita, acreditar que encontrou a pessoa certa para alavancar suas vendas... mas tão importante quanto saber contratar é saber dispensar quem não está comprometido e/ou não se encaixou no perfil da empresa ou, até mesmo, quando é necessário enxugar o quadro de funcionários. Isso é algo comum e inevitável nas empresas, mas não é uma tarefa fácil! Do outro lado, está uma pessoa com sonhos, necessidades, compromissos, enfim, uma pessoa igual a você e a todos os outros vendedores.

Diversos são os motivos que podem levar ao desligamento de algum vendedor — motivos esses que devem ser rigorosamente avaliados pelo gestor de vendas. Para desligar alguém, você deve ter a certeza de que tomou todas as providências e atitudes que cabem a um gestor. É muito "fácil" demitir alguém e dizer "ele não presta" ou "não encontro um vendedor bom!". A falta de uma autoavaliação criteriosa por parte do gestor pode trazer sérios problemas à empresa. Na verdade, não deve existir a frase "eu demiti um vendedor", e sim "o vendedor vinha se demitindo, mês após mês".

Para ajudar nessa autoavaliação, existem algumas perguntas que o gestor deve se fazer:

- Eu acompanhei esse vendedor?
- Eu o treinei corretamente para a função? (Não deixe o treinamento de seus vendedores somente nas mãos do pessoal do RH.)
- Levei em consideração suas opiniões?
- Permiti que ele desse suas opiniões?
- Cumpri com o que foi tratado na cartilha?
- Avaliei corretamente seus resultados e comportamentos?

≫ DEMISSÃO NA VISÃO DE JACK WELCH

Para quem não conhece, Jack Welch, em 2000, foi nomeado "Gerente do Século" pela revista Fortune. Em 2005, foi eleito o "CEO mais admirado dos últimos 20 anos", pelos leitores da revista Chief Executive e o Maior Líder Mundial dos últimos anos, em uma pesquisa realizada pela revista Fast Company. Ele foi, por 20 anos, o CEO da General Electric, a GE. Por isso, oriento a todos os gestores que se interessam em obter sucesso e resultados positivos que procurem saber suas lições sobre gerenciamento e liderança. Sobre a demissão, Jack Welch cita que ela pode ocorrer por três motivos:

1. Falta de integridade;
2. Motivos econômicos;
3. Mau desempenho.

A falta de integridade é algo que deve conter na cartilha que você apresentou na integração do seu vendedor.

❯❯ DEVERES E DIREITOS COMO PARÂMETRO DE DEMISSÃO

É necessário lembrar que esse vendedor assinou a cartilha da integração. Você se recorda de que nela existem os deveres e direitos dos vendedores; portanto, existe um parâmetro muito justo que poderá auxiliá-lo na hora da demissão. Exemplo: na cartilha, você deverá ter citado os itens não negociáveis, como, por exemplo, falta em excesso sem explicação, uso de bebida alcoólica no trabalho, drogas, roubos, enfim, casos que, de acordo com a filosofia e a ética, não só da empresa como da sociedade em geral, são inaceitáveis.

A falta de integridade transforma um vendedor em uma bomba relógio na empresa. A qualquer momento, algo muito ruim pode explodir. A tensão é constante e o clima de desconfiança se espalha. A pessoa com falta de integridade pode afetar você, a empresa, o cliente ou qualquer parceiro de trabalho. Portanto, vamos lembrar uma frase muito comentada em livros de gestores de vendas: "Não fique refém de um vendedor." Por mais que ele traga resultados, os bônus serão momentâneos, mas o estrago será inevitável. Pode ter certeza, "a laranja podre" vai contaminar os outros.

Se montou sua cartilha de integração corretamente, você já tem uma lista de itens não negociáveis.

❯❯ DEMISSÃO POR MOTIVOS ECONÔMICOS

Este motivo (na minha opinião) é a pior situação para demitir um vendedor. Quando existe a falta de integridade, não nos pesa a consciência para a demissão. Foi alguém que traiu sua confiança e a de todos que o cercavam. Já no caso econômico, algo externo, como um novo imposto, variação de câmbio, barreiras econômicas de proteção, entrada de concorrência, ou fatores internos, como má administração, problemas na gestão financeira, troca de diretoria ou mudança de contratos, podem fazer com que bons vendedores, com bons resultados, precisem sair. Temos que lembrar que o vendedor que sai vira um porta-voz da empresa. É claro que é difícil encontrar alguém que foi dispensado contando maravilhas sobre a empresa que o demitiu, mas, neste caso, com algumas ações, é possível que a empresa reverta esse momento para algo positivo.

O gestor, em parceria com o RH da empresa, pode ajudar a recolocar esse funcionário; pode, ainda, disponibilizar alguns cursos ou treinamentos para que ele tenha um currículo mais competitivo, possibilitando uma recolocação mais rápida no mercado.

» DEMISSÃO POR MAU DESEMPENHO

Este momento é delicado, portanto, cuidado com a pressa. Quando demitir um vendedor, não se esqueça de que você poderá fortalecer o seu concorrente com alguém que recebeu treinamento, que conhece a sua empresa e que conhece o mercado. Em alguns casos, porém, você vai torcer para que ele vá trabalhar na concorrente!

Além de fazer as perguntas que citei no início deste capítulo, você deverá ter um sistema de avaliação muito competente para concluir isso. A decisão de deixar no mercado alguém com tanta informação e conhecimento é muito perigosa. Analise:

- Se o momento do mercado está atrapalhando;
- Se o vendedor está com problemas pessoais;
- Como estão trabalhando os concorrentes na área em que ele atua (certa vez, as vendas de um vendedor caíram repentinamente. Motivo: o concorrente estava deixando os produtos em consignação!);
- Se seus métodos de avaliação são confiáveis;
- Se "sabe ler" os resultados apontados pelo método de avaliação. Tive um vendedor que estava abaixo de toda a

média de vendas da empresa, mas possuía um altíssimo índice de satisfação dos clientes. Ele estava com problema no fechamento. Prospectava, atendia, mas deixava para o cliente fechar a venda! Já um outro tinha uma taxa de conversão altíssima, de cada dez clientes, sete ele fechava, mas visitava poucos clientes; no final, ele não alcançava a média. Em cada um dos casos, era necessária uma orientação diferente. Eles não eram vendedores ruins, pelo contrário, eram bons, mas tinham detalhes a ser lapidados, e era necessário trabalhar seus pontos fortes e fracos. Se o gestor avaliar somente os números finais, a empresa poderá "entregar de bandeja" um ótimo profissional para o concorrente;

- Tome cuidado ao comparar um vendedor com outro. Cada um tem suas características, formas de agir e habilidades. O gestor deve ser (de preferência) um conhecedor do comportamento humano. Procure ler livros e/ou fazer cursos sobre gestão de pessoas.

≫ TEORIA 20 X 70 X 10

Aproveitando os conselhos de Jack Welch, existe um sistema que ele define como:

20 x 70 x 10

Esse sistema consiste em definir os 20% melhores, aqueles que se destacam; trazem resultados acima da média; possuem características pessoais e profissionais que agregam tanto para os resultados da empresa quanto para o clima organizacional; pessoas que são praticamente indispensáveis (eu disse praticamente, afinal, ninguém é indispensável na empresa — e, mesmo se fosse, ele jamais deve saber. Elogie, reconheça, mas não o deixe pensar que é indispensável ou, provavelmente, você estragará um excelente funcionário!). Esses 20% devem ser:

- Reconhecidos;
- Bem-remunerados;
- Usados de exemplo como profissionais que fazem a diferença para a empresa e, por isso, ganham mais e têm mais benefícios.

Esses vendedores (salvo exceções) dificilmente perderão esse posto. Uma vez percebidos os benefícios, o reconhecimento e o dinheiro ganho, eles não vão querer "largar o osso".

À equipe comercial das empresas, eu costumo dar o nome de **motor de vendas**. Esses 20% dos vendedores, eu chamo de **aditivo** do motor de vendas — aquele ganho que faz com que o carro (a empresa) faça a diferença e produza acima da média.

Agora, para dar continuidade ao trabalho do motor de vendas, é preciso do combustível, aquela energia em potencial que faz com que toda a máquina continue funcionando, fazendo o motor de vendas girar. É aí que estão os 70%.

A grande preocupação do gestor deve ser com esses 70%, os vendedores medianos.

Essa parte é representada quase que igualmente em praticamente todas as empresas. A esses vendedores, dou o nome de **combustível** do motor de vendas. São eles os responsáveis por fazer a empresa andar, mas sem nenhum diferencial. A qualquer momento, se não ficarmos abastecendo, ele pode acabar e o motor pode parar. Por isso, Jack Welch recomenda que se defina rapidamente quem são esses 70%, e você deve:

- Treiná-los, treiná-los e treiná-los (se não gostar da palavra "treinar" use "capacitar");
- Acompanhá-los de perto;
- Avalia-los com mais periodicidade;
- Fazer, se possível, um acompanhamento quase como um coaching.

Geralmente, uma parte substancial desses 70% não consegue atingir os resultados dos 20% (os aditivos) apenas por alguns detalhes. Muitos, por exemplo, têm uma boa abordagem, uma quantidade de visitas iguais ou muito próxima a dos aditivos, mas têm um poder de fechamento muito baixo. Em outros casos, a falta de foco é muito grande (isso é muito característico em vendedores, pois eles não possuem um grau de paciência muito elevado); enfim, se possuem um resultado mediano, falta somente alguns ajustes para se tornarem aditivos. Porém, não se esqueça de que algumas pessoas nunca mudam.

Há algum tempo, quem não mudava ficava estagnado, parado. Hoje, quem não muda é passado para trás! Retrocede!

E, neste caso citado, estão os 10%. Aqueles que não fazem a menor diferença para a empresa; aliás, fazem sim: fazem a diferença para pior. Seguindo a linha do motor de vendas, eles são a "sujeira do óleo e do combustível", estão em menor quantidade, mas, se misturados ao resto do combustível ou do aditivo, podem danificar todo o motor de vendas. Se bem detectado, não pense duas vezes antes de dispensá-los. Estão em jogo toda uma organização e os 90% restantes dos seus funcionários, além do seu dinheiro (e a comida das crianças e o presente da patroa!).

Portanto:

- Remunere muito bem e reconheça os 20% dos aditivos!
- Treine muito e acompanhe de perto os 70% do combustível;
- Se bem detectados, não pense duas vezes em dispensar os 10% de sujeira do óleo ou combustível! Eles podem (e provavelmente vão) afetar todo o seu trabalho.

Durante a dispensa do seu vendedor (seja por qual motivo ela ocorrer), você deverá tomar algumas precauções para que esse momento não seja mais desagradável do que naturalmente já é:

- Seja direto, franco, sem rodeios, mas educado. O momento é de fragilidade emocional, então um sermão sobre todos os erros do vendedor talvez não seja o aconselhável;
- Não pode haver surpresas na hora da demissão. A surpresa por parte do vendedor significa que não houve feedback do gestor durante o processo. Se isso já ocorreu com você, preste atenção na hora de fazer sua autoavaliação;
- Se você não tem muita habilidade no trato com as pessoas, peça ajuda a um profissional ou ao pessoal do RH, mas tente não fugir desse compromisso.

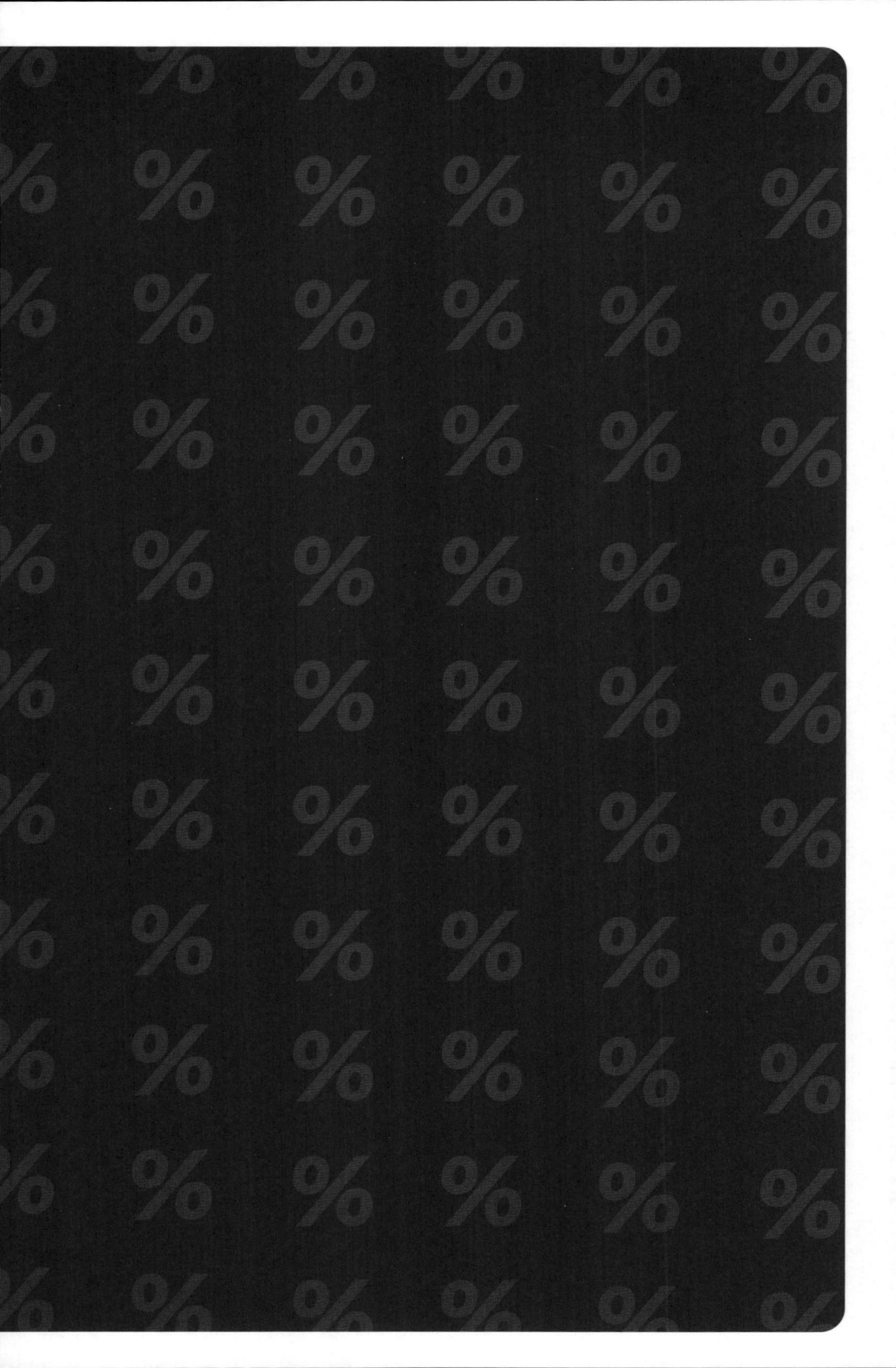

8
AÇÕES DE GERENCIAMENTO QUE REALMENTE FUNCIONAM

A ções que funcionam são aquelas que "provocam", "incomodam", que tiram o vendedor da zona de conforto. O gerente de vendas tem que ter uma placa na porta, na qual esteja escrito "Por favor, perturbe". Esta é a base de um treinamento de vendas que funciona.

Treinamento constante: não deixe para falar com seus vendedores uma vez por mês. Em 30 dias, ocorrem muitas coisas: vendas perdidas, novos clientes, novas oportunidades, clientes que ficam inativos e assim por diante; portanto, procure fazer encontros ou reuniões pelo menos semanais (se possível, diários, nem que sejam de 20 minutos). Use esses encontros para relembrar as visitas do dia e as metas. Leve frases motivacionais, uma reflexão, parabenize quem fez um bom trabalho no dia anterior ou na semana, faça uma oração, passe vídeos motivacionais curtos e esteja perto. "Incomode" o seu vendedor. Se você tiver vendedores distantes, em outras cidades ou estados, utilize a tecnologia (Skype ou MSN) e faça uma teleconferência. É dinâmica, rápida e praticamente sem custo.

Palestras são excelentes, ajudam a dar um gás ou reafirmar as metas e a missão da empresa, mas tome cuidado! Muitas empresas acreditam que fazer só isso mudará o resultado dos seus vendedores. Não faça convenções de vendas anuais se você não acompanha diariamente seus vendedores. Se essa palestra não fizer parte de um planejamento, acredite em mim, vai ser dinheiro jogado fora.

» POR QUE AS VENDAS NÃO OCORREM POR ACASO? O PROCESSO DAS VENDAS!

Você já deve ter se perguntado em qual parte da venda os vendedores mais erram. Em qual eles têm mais dificuldades. Alguns dirão que têm problemas para prospectar, porém, a maioria dirá que tem dificuldade em lidar com as objeções.

A maioria dos vendedores não fecha uma venda e, automaticamente, joga a culpa nas objeções. Na verdade, a venda ocorre por meio de um **processo de vendas**; se você começa o processo de vendas errado, dificilmente acabará de forma feliz, fechando a venda.

Para compreender isso melhor, vamos ver as **ações de gerenciamento que realmente funcionam**, os passos das vendas e como treinar seus vendedores.

Treinar a venda, conhecido também como "simulação de vendas", é um espaço de treinamento em que você **deve** trabalhar todos os passos da venda. Quando fui gerente de marketing, tínhamos um diretor comercial bem ativo, que fazia simulações de vendas bem interessantes.

Você pode se passar por um novo cliente (que já possui um fornecedor) e simular que seu vendedor está fazendo a primeira visita para ele. Dessa forma, ele terá que fazer a apresentação e passar por todos os passos da venda, desde a abordagem até o fechamento.

Outra situação é quando um cliente antigo está recebendo ofertas e visitas de um concorrente. Faça o papel do cliente e questione tudo o que for possível, coloque o vendedor em uma saia justa. Na simulação, ele pode errar; em campo, não!

Vamos ver como trabalhar cada passo da venda com seu vendedor.

❯❯ PASSO 1 – PROSPECÇÃO/ABORDAGEM

> "Perdem-se mais vendas por falta de prospecção ou por falhas no processo de prospecção do que por possíveis erros cometidos por vendedores."
>
> *Marcio Miranda*

Incentivar seus vendedores a prospectar novos clientes

Incentive seus vendedores a buscar novos clientes. Crie, se necessário, uma campanha com data definida para levantar prospects e premie os melhores neste quesito, dê uma porcentagem diferenciada na primeira venda para um novo cliente.

Agora, se o mercado for muito "fatiado", e novos clientes representarem um número muito pequeno, crie a campanha de rendimento por cliente ou por *cross selling* ou *up selling*.

Quando fui vendedor em uma empresa do ramo de comunicação, tínhamos uma pessoa responsável por fazer a prospecção de novos clientes. Essa pessoa buscava o cliente que possuía o perfil para anunciar no nosso canal e marcava um horário para que eu fosse atendê-lo. Para que eu não me acomodasse, a empresa trabalhava da seguinte forma: se eu fechasse a venda com uma prospecção da funcionária, eu ganhava 7%; porém, se eu fechasse a venda com a minha prospecção, ganhava 10%. Com esse sistema, eu conseguia atender duas vezes mais clientes do que se eu tivesse que fazer a prospecção sozinho. Além disso, o tempo de visita era muito menor, e a possibilidade de fechamento era maior, já que o cliente estava preparado, sabendo sobre qual assunto trataríamos.

Outro exemplo de criatividade para prospecção foi na empresa X, de eventos. Os vendedores deveriam ir até as faculdades e universidades com o objetivo de prospectar as turmas que se formariam, para vender a festa de formatura e os contratos de fotografia e vídeo.

Contudo, as faculdades e universidades começaram a proibir a presença dos vendedores, pois eles entravam em salas de aula para chamar os responsáveis pela comissão de formatura, atitude que atrapalhava o andamento das aulas e incomodava os professores.

O que fazer?

Foi então criado o captador, a pessoa responsável por prospectar novos clientes. Esses "captadores" eram alunos da própria instituição, que conheciam o ambiente e as pessoas, falavam a mesma "linguagem" que eles, e sabiam o que eles queriam.

Esse profissional "captava" a nova turma, fazia um pré-levantamento de informações e marcava uma reunião para o vendedor, que pegava essas pré-informações e montava uma proposta bem próxima do que eles estavam buscando, fazendo com que o índice de fechamento na primeira ou segunda visita aumentasse consideravelmente.

Marcar uma visita em nome do outro (como conseguir marcar uma visita)

Esse sistema de ter alguém para fazer a prospecção foi a maneira mais eficiente que eu achei para lidar com um dos maiores desafios de um gerente: "Como fazer os vendedores prospectarem." Quando utilizei esse método, diminuí o atrito com a equipe e consegui um número bem maior de prospecções. Fora isso, pude "cobrar" os vendedores de uma forma muito mais eficaz, afinal, eles só tinham que se preocupar em visitar e vender!

Falar em nome de outra pessoa ou de uma empresa facilita para quem está agendando e dificulta a rejeição do cliente ou da secretária.

Vamos a um exemplo de como se deve fazer para agendar uma visita de um vendedor.

> **Prospecção:** *Olá! Meu nome é Patrícia da Silva. Estou falando em nome da empresa Vendex, soluções em vendas, e nós oferecemos soluções para aumentar as vendas e os lucros das empresas. Aumentar as vendas e os lucros da sua empresa seria interessante para você? (Tenho certeza de que a resposta será sim! Você precisa dessa interação no meio da sua fala.) Nossos últimos clientes (se possível, citar alguns nomes de concorrentes) tiveram um aumento de mais de 12% nas vendas logo no primeiro ano adotando o nosso sistema. Por isso, gostaria de agendar uma visita. Em menos de 20 minutos, o nosso consultor explicará como a sua empresa pode vender mais e ter mais lucro em pouco tempo. O senhor (ou a senhora) pode nos receber esta semana? (Faça perguntas fechadas.) Quarta ou quinta-feira? No período da manhã ou da tarde?*

Observação: o vendedor ou captador deve falar sempre com quem toma a decisão. Se a conversa for direta com o proprietário, pergunte se ele tem sócio; se tiver, "force" para que eles estejam juntos. Uma desculpa muito usada para não fechar a venda é dizer: "Vou falar com o meu sócio e depois procuro você." Se não for possível juntar os dois, fale com um deles e, se ele disser sim, peça o telefone de contato do outro sócio e lhe diga: "Seu sócio aceitou a proposta e me pediu para confirmar com você!" Se não for possível fazer isso também, busque falar com a secretária. O que vai acontecer, muitas vezes, é ela perguntar-lhe: "De onde você fala mesmo?" A resposta deve ser sempre a mesma: "É a Patrícia, da Vendex. É sobre a solução para a sua empresa vender mais." A secretária provavelmente deixará você na espera e falará com o diretor ou responsável assim: "Seu Paulo, é a Patrícia, da Vendex. Ela quer falar com senhor sobre como a empresa pode vender mais."

Caso haja algum questionamento sobre o produto ou o serviço, a pessoa responsável pela prospecção pode se limitar a dizer:

Prospecção: Senhor Paulo, (procure sempre repetir o nome do cliente; isso cria um clima de afinidade, de amizade, e todo mundo quer fazer negócios com amigos!) essas e outras informações o nosso consultor, com certeza, explicará ao senhor.

Além de evitar falhas, isso também cria um clima de curiosidade.

Mesmo utilizando as técnicas, o seu prospect pode dizer: "Agora não é um bom momento." O que fazer nessa hora?

Lembre-se de nunca perder um cliente para sempre. Os clientes às vezes querem uma ajuda para poder comprar. Utilize perguntas como:

- Quando seria um bom momento?
- Enquanto você está decidindo, existe alguma informação que poderia ajudá-lo na tomada de decisão?
- O que vai acontecer de hoje até lá que vai ajudá-lo a decidir?

Outra lição importante é a escolha das palavras que serão utilizadas durante a prospecção. Procure usar palavras ligadas a coisas positivas, que permitam ao cliente perceber o quanto determinado produto ou serviço é bom para ele. Palavras como:

- Sucesso;
- Realização;
- Exclusividade;
- Lucro;

- Ganho;
- Crescimento;
- Economizar.

Ou frases como:

- O senhor vai ter retorno rápido;
- Este produto/serviço é exclusivo;
- Investimento de baixo custo.

Não se esqueça de que você tem no máximo 30 segundos para dizer:

- Quem você é;
- De onde você fala;
- O que você quer.

Treine isso com seus vendedores. Veja se, em 30 segundos, eles conseguem deixar isso bem claro e atrativo para o cliente, afinal, na cabeça do cliente, estão estas perguntas:

- Quem é você?
- O que você pode fazer por mim?
- Por que eu deveria falar com você?

Bloqueie dia e horário para prospecção

Não adianta! Se não tiver dia bloqueado na agenda e horário para fazer prospecção, você não terá sucesso!

Defina na sua agenda quais serão os dias e os horários que vai reservar para prospectar. Pode ser por telefone ou pessoalmente, mas tem que ser algo agendado e reservado, senão você, vendedor, vai sempre arranjar uma desculpa e colocar outra coisa como prioridade. Não se esqueça: nada é mais importante na sua carreira de vendedor do que ter cliente!

Lembre-se:

> Prospecção serve para vender e deixar você mais conhecido, afinal, as pessoas querem fazer negócios com pessoas e empresas conhecidas.

De acordo com Raúl Candeloro, não prospectar pode acarretar sérios problemas para os vendedores e para as empresas. Raúl cita os principais problemas de não prospectar:

- Vai ter poucos clientes novos;
- Sua carteira de clientes começa a diminuir;
- As pessoas não conhecem a sua empresa;
- Não aparecem vendas "surpresa" — aquela venda que você não fechou na hora, mas a semente foi plantada, e, um dia, o prospect liga para fazer negócio;
- Poucos clientes indicando a empresa;
- Perda de participação de mercado;
- Você começa a ter mais clientes inativos do que ativos.

A prospecção é um somatório de estratégia e força. Defina quem são os seus clientes, quem mais compra de você, quem mais lhe dá lucro e vá atrás deles, seja por visita pessoal, e-mail, telefone ou estratégia de marketing digital.

O vendedor, em geral, tem duas grandes dificuldades: fechamento de vendas e prospecção de novos clientes. Vamos falar agora sobre o segundo problema: como prospectar.

Nós, vendedores em geral, temos uma mania de querer "ir para cima", "entrar no carro e rodar para ver o que acha" ou "procurar cliente novo ficando na internet". Esse sistema eu chamo de "espalha chumbo".

A verdade é a seguinte: prospectar é muito chato! Enquanto estamos prospectando, não estamos vendendo! Eu quero é sentar na frente do cliente e "engolir" ele, diz o vendedor!

O problema é que justamente por esses motivos muitos vendedores rodam, visitam e não fecham nada.

Uma prospecção bem feita é metade da venda! Aquela história de que um bom vendedor vende para qualquer um não existe!

Oferecer seu produto ou serviço para quem tem interesse é metade do caminho. A prospecção não serve somente para vender. Quanto mais você prospecta, mais a sua empresa fica conhecida, e as pessoas adoram fazer negócio com pessoas conhecidas (lembre-se disso). Os profissionais de marketing chamam esses clientes de target (alvo, em inglês), e não é à toa!

Para fazer uma prospecção eficaz, primeiro, é preciso reservar um tempo para isso. Misturar visita com prospecção não funciona. Atrapalha sua agenda de vendas.

Separe, se possível, um horário que você tenha tempo. Pode ser no período da manhã antes de sair a campo ou logo depois do almoço (que geralmente dá aquele sono e você não consegue disfarçar a cara). Separe sempre, pelo menos, uma hora, sem interrupções. Não troque a hora, senão você não conseguirá fazer disso um hábito. Acredite em mim!

Você pode usar um sistema que alguns especialistas chamam de prospecção 1.0, 2.0 e 3.0, mas eu chamo de **caracol de prospecção**.

1. Pesquise indicações primeiro com todos os seus amigos, conhecidos, depois pela proximidade da sua empresa ou loja e os seus clientes. Isso mesmo, se você, por exemplo, tem uma empresa de RH, que presta serviços para várias empresas, pergunte a seus clientes quem eles indicariam. POR QUE NÃO? Afinal, se você está fazendo um ótimo trabalho, tenho certeza de que lhe indicarão outras empresas para atuar. Se for falar com seus amigos ou parentes, preste bem atenção a esta dica: não converse no churrasco nem no pagode; marque um horário para falar disso. Geralmente, você liga ou encontra com um amigo ou parente e fala: "Pô, você tem que me indicar uns clientes aí!" Sabe o que eles falam? "Pode deixar, eu vou pensar em uns, depois te dou um toque." E nunca mais!

2. Quantas pessoas poderiam comprar o seu produto que trabalham próximo a você e, principalmente, fazem parte da carteira de clientes da sua empresa ou loja? Você não tem anotado os clientes que compram de você? Você não sabe qual foi a última compra dele? Responda a esta pergunta: Quantas pessoas já compraram da sua empresa ou loja? Quantas pessoas não compram de você há mais de três meses? E seis meses? E um ano?

   Antes de ir buscar novos clientes na rua, tenha certeza de que eles não estão aí, bem dentro da sua própria empresa.

   Se você vende para vários públicos (agência de publicidade, por exemplo), comece sempre com a pergunta: Quais são as empresas concorrentes das empresas que eu atendo? Respondendo a essa pergunta, terá um grande número de prospects que atuam no mesmo segmento que você já está acostumado a atender;

3. Depois disso, faça uma pesquisa com parentes de segundo grau, ou amigos mais distantes. Faça pesquisa no Facebook, LinkedIn, Google, Instagram e associações. Use os filtros do

LinkedIn, busque plugins, como Lucha, para ter acesso aos e-mails e telefones. Busque, em clientes atuais, possíveis pessoas em comum para ofertar;
4. Vá a feiras e convenções. São dois ótimos lugares para se fazer negócios, principalmente se você trabalha com vendas complexas ou restritas, como, por exemplo, peças para máquinas colheitadeiras.

Tenho certeza de que o seu círculo de amizades e as informações que você possui dentro da sua própria empresa estão sendo pouco exploradas. Depois disso, é claro, deve-se fazer visita, e muita visita!

Como diria o executivo norte-americano Walter Talbolt:

> ...acima de tudo, este negócio de vender se resume a uma coisa — uma única coisa: ver as pessoas! Mostre-me qualquer homem de capacidade comum e conte com convicção a sua história a quatro ou cinco pessoas todos os dias, e eu lhes mostrarei um homem de sucesso em vendas!"

Abordagem

No ramo de palestras, dizemos que os primeiros cinco minutos encaminharão todo o resto de sua apresentação. Nas vendas, isso não é diferente. A maneira como você começará a venda é a **abordagem**, e ela se refletirá em todo o restante do processo. Portanto, tente quebrar essa barreira, esse "gelo", que existe no início de uma venda.

Quando chegar a hora de falar com quem decide, não se esqueça de sempre:

- Receber com um sorriso;
- Fazer comentários positivos:

    SOBRE A LOJA: se você está no estabelecimento do seu cliente, elogie a organização, a estrutura, a localização. Não se esqueça de que os comentários devem ser sempre sinceros.

    SOBRE A PESSOA: se ela está bem vestida, se está com uma bolsa bonita, com um belo calçado, com uma unha bem feita, com uma aparência alegre ou um esmalte bonito. Muitas vendedoras mulheres usam esses argumentos para "quebrar o gelo" e, acredite, funciona muito bem! Não se esqueça de ser sincero, caso contrário, vai arranjar um inimigo, e não um cliente, afinal, ele vai perceber que você quer só vender e não está disposto a ajudá-lo.

    Fique atento ao escritório do seu cliente. Fotos, quadros, troféus ou certificados podem ser um ótimo assunto. Muitas vezes, já vi fotos de pescaria, encontro de motos, troféu de artes marciais... e as pessoas adoram falar sobre a vida delas. Não esqueça: uma boca e duas orelhas, portanto, fale menos e ouça mais.

    SOBRE O MERCADO: antes de visitar seu cliente, procure saber como anda o mercado em que ele atua, números, notícias, tendências, confiança do consumidor, novas linhas de crédito e assim por diante. Muitas vezes, levei informações que o proprietário da loja desconhecia.

Lembre-se sempre de que, quando você vai abordar algum cliente, o seu objetivo número 1 é **criar um diálogo de vendas**. Ninguém vende com um monólogo. É preciso fazer a abordagem de forma que a outra pessoa se interesse e interaja com você.

Nas vendas em comércio, é muito comum escutarmos vendedores abordando seus clientes com a célebre frase: "Posso ajudar?"

Com essa pergunta, a resposta fica fácil: "Estou dando só uma olhadinha." O que fazer quando o cliente diz isso? Meu amigo, aí é o problema! Se chegou a esse ponto, de o cliente se esquivar, é porque você não chamou a atenção dele.

Lembrando que, mesmo que você esteja atendendo e apareça um cliente, não deixe de acusar a presença dele. "Senhor, só um minuto. Já atendo o senhor." Assim, simples! Quantas vezes nos sentimos um fantasma na loja? Ficamos minutos sem que um vendedor nos atenda.

Abordar o cliente é como "paquerar". Você já paquerou ou viu alguém paquerar sem conversar ou ter um diálogo? (Por mais fracas que as conversas de paquera possam ser!) Chamar a atenção do cliente com a criação de um diálogo de venda é a única maneira efetiva de não receber um "estou dando só uma olhadinha".

Guarde bem esta frase:

> Se quisermos obter novos resultados, não podemos usar técnicas antigas.

Para isso, separei três dicas de ouro para você abordar seu cliente:

1. Por favor, não o aborde usando: "Posso ajudar?" A resposta está na ponta da língua do cliente: "Não, obrigado, estou dando só uma olhadinha!" E a contrarresposta do vendedor é sempre a mesma também: "Fique à vontade. Se precisar, estou ali, é só chamar!" Pronto! Ali acaba de morrer uma venda;

2. Use novas abordagens, como por exemplo: "Bom dia. A senhora já é cliente da loja?" Isso fará com que o cliente pense antes de responder. Com essa pergunta, o cliente será "obrigado" a lhe responder "sim" ou "não";

3. Troque os períodos do dia: "Bom dia, senhor! Bom dia não, já são 2h da tarde! O senhor já é cliente da loja?" Pronto, estamos novamente criando um diálogo de vendas.

A ideia aqui é, de fato, criar um diálogo de venda. Você pode criar o seu de acordo com o produto que vende. Gostaria muito de escutar a sua técnica. Se for realmente eficiente, vou citá-la e o seu nome no meu canal do YouTube.

Não se esqueça de que, tão importante quanto a técnica, seu entusiasmo e sua vontade de poder solucionar o problema do seu cliente é que vão fazer de você um vendedor de resultados.

Se trabalha com vendas externas e tem que visitar pessoas (elas não vão até você), o objetivo de criar um diálogo de vendas continua sendo o fator determinante do que você fará.

Para que haja um diálogo, você necessariamente precisa fazer uma pergunta, a fim de que a outra pessoa interaja e, de preferência, concorde com você! Por isso, não se esqueça de elaborar um roteiro para abordar seu cliente. Nele, você deve falar:

- Quem é você;
- De onde você é;
- O que você faz.

Antes de mais nada, defina **qual o seu objetivo ao fazer uma abordagem**. Seu objetivo é vender? Seu objetivo é agendar uma visita?

Como agendar visitas por telefone

Nas grandes cidades, é quase impossível você conseguir falar com algum decisor de compra que o atenda sem agendar um horário. Nas médias cidades, também já está muito difícil alguma empresa atendê-lo sem que tenha ligado e agendado.

"Thiago, mas é muito difícil agendar por telefone." Em uma coisa eu concordo: é mais trabalhoso agendar por telefone, mas é muito eficiente.

O ideal é fazer uma combinação de e-mail com telefone. Com as ferramentas atuais, é possível buscar informações sobre as pessoas e empresas e iniciar um contato via e-mail com o mesmo modelo que ensinei na prospecção por telefone.

Quero lhe fazer uma pergunta: Quando você, vendedor, liga para agendar uma visita, sua intenção é… agendar uma visita! Tenho certeza de que a maioria de vocês respondeu "vender"! A regra número 1 quando vai agendar uma visita é não vender! Eu sei que coça, que você fala: "Mas o cliente me atendeu, como é que eu não vou vender?" E quando o cliente começa a ser simpático? Aí você não se segura mesmo!

Não misture vender por telefone com agendar por telefone. Os *scripts* são outros, a condução da conversa é feita de outra maneira e o seu interesse (por incrível que pareça) é outro.

E por onde eu começo? Você deve começar primeiro selecionando os concorrentes das empresas que você já vende (a não ser que você tenha um termo de exclusividade, mas, se tem, é porque realmente deve valer a pena e não é necessário ir atrás dos concorrentes dele). Mas isso é para poucos.

Por que fazer isso? Porque, quando você for ligar para agendar com um cliente, poucas coisas na vida chamam mais a atenção de alguém do que falar o nome do concorrente dele. Saber que você presta serviço para o rival dele, no mínimo, chamará sua atenção.

> ...gostaria de agendar uma visita para mostrar os benefícios que a empresa X, concorrente de vocês, está obtendo com a nossa ferramenta.

Pronto, fisgou a atenção!

Mas, antes de ligar, não se esqueça: sua voz (altura, impostação, firmeza e entusiasmo) corresponde a quase 80% do seu sucesso pelo telefone! Portanto, respire e se prepare emocionalmente antes de ligar. Se for preciso, fique em pé; assim, sua voz ganha mais firmeza.

Outra maneira é fazer uma intensa busca nos clientes que você já tem. Tenho certeza de que eles têm muitas empresas para indicar. Por que isso? Indicação vale ouro!

Imagine alguém lhe ligando e dizendo: "Olá, tudo bem? Quem me pediu para entrar em contato foi seu amigo/primo, Roberto, tudo bem?" Você com certeza levará a conversa de outra maneira, sabe por quê? Porque vocês têm algo em comum! Isso cria empatia, algo indispensável para uma boa condução de conversa! Além disso, parece que você está fazendo um favor para ele, que aquela pessoa que está indicando-o e que vocês têm em comum usou seus serviços ou produto e está recomendando-o, dizendo: "Eu conheço ele, e ele é bom, pode confiar."

Modelo de abordagem para agendamento por telefone

Olá, Sr. Fulano da Silva, bom dia! Meu nome é Maria (quem é você), sou gestora de conta da Thiago Consultoria em Vendas (sua empresa).

Nós somos uma empresa que busca ajudar pessoas que procuram aumentar a quantidade de clientes qualificados (falar o que você entrega de solução). Vimos que o senhor tem grandes players como concorrente (demonstra que você pesquisou; aqui, você pode colocar mais informações para reforçar isso) e, por isso, montamos uma estratégia para vocês obterem mais leads, deixando de errar no que quase todos erram (mostrar que possuem algo único e evitando dor). Se for interessante, posso mostrar como montamos um plano para fazer isso na sua empresa. Preciso de 15 minutos e, se fizer sentido, depois a gente continua. Eu tenho dois horários esta semana: 8h45 ou 9h45 (procure dar sempre um horário quebrado; vai parecer que você é bastante ocupado e o seu cliente terá a sensação de que vai durar 15 minutos realmente. Se você já oferecer a reunião às 9h, ele terá a sensação de que vai durar até as 10h!). Qual desses fica melhor?

❯❯ PASSO 2 – COMO SABER O QUE O SEU CLIENTE QUER: LEVANTAMENTO DE NECESSIDADES

Imagine se você pudesse saber todas as informações sobre o seu cliente? O que ele acha importante para a empresa dele e o que ele acredita que dá resultados. Pois todos os vendedores que conseguem estar cara a cara com o seu cliente podem ter isso.

O grande "pulo do gato" da venda está na pergunta. Existe um comercial de um canal de TV que diz:

> São as perguntas que movem o mundo, não as respostas!

A maioria dos vendedores esquece que quem deseja é o cliente, e não nós! O vendedor acredita que, se abordar com as informações que tem, o cliente mudará de opinião e comprará dele. Guarde bem esta frase:

> As pessoas compram pelos motivos dela, e não pelos seus!

A minha pergunta é: Você sabe quais são os motivos dos seus clientes?

Por favor, não tente adivinhar, pois é bem provável que erre. Para que isso não ocorra, é necessário que saiba quais são as perguntas que deve fazer no momento de **levantar as necessidades do cliente**. Neste primeiro momento, procure fazer perguntas abertas para que o cliente possa dar o máximo de informações possível. Por exemplo: O que o levou a mexer com construção?

Com as perguntas, você descobre o que é importante para o seu cliente. Ele escuta somente o que ele quer. Mas é importante colocar as perguntas em um contexto, para que a conversa não fique parecendo uma entrevista. A fim de demonstrar a pergunta que eu mais gosto de fazer, vou usar como modelo um corretor de imóveis falando com um cliente que quer uma casa para morar.

Senhor Antônio, quando se trata de um imóvel para o senhor morar com a sua família, o que é indispensável para o senhor?

É uma pergunta aberta e que mostra a necessidade número 1 do cliente.

Algo que é **indispensável**. E tudo que é indispensável não tem preço.

Perguntas fechadas também podem dirigir a conversa para um final que você já está preparado para ouvir. Exemplo: quando eu vendia espaços publicitários em um canal de venda pela TV (depois de comentar do mercado, falar da loja e do cliente), eu dizia:

Seu José, eu vi que o senhor faz alguns anúncios no jornal local. O senhor sempre faz propaganda?
O senhor pretende continuar fazendo anúncio?
O senhor acredita que anúncio na TV gera resultado? O senhor acha importante divulgar a sua marca?

Como eu já sabia quanto custava cada inserção no jornal, no rádio, no canal concorrente, no outdoor e na revista especializada, eu conseguia fazer uma comparação que se mostrava muito atrativa, com base nas respostas dele. Algumas perguntas podem parecer óbvias, mas, quando é o próprio cliente quem as responde, soa como:

"Você mesmo está dizendo que o meu produto/serviço é algo que traz resultados para a sua empresa, e eu estou aqui para ajudá-lo!"

Se for vender um plano de saúde, pode perguntar:

O senhor acha importante ter um plano de saúde?
O senhor se preocupa com a sua saúde e a da sua família?

Se vender seguro de vida:

O senhor se preocupa com o bem-estar da sua família? Qual a opinião do senhor sobre seguro de vida?
Se acontecesse algo com o senhor hoje, gostaria de deixar quanto de dinheiro para a sua família?

Se você já fez uma venda para ele, pergunte sobre a última compra.

Exemplo, no caso da venda de uma televisão:

O senhor gosta de esportes, novelas, filmes? O senhor já tem uma televisão deste modelo?

Exemplo, no caso da venda de cursos:

O senhor acha importante os funcionários estarem sempre atualizados?
O senhor acha que, se eles souberem administrar o tempo, ou se estiverem mais motivados, ou se souberem melhores técnicas, eles vão produzir mais?

Perceba que existem inúmeras perguntas que, se feitas de forma pausada e **dentro do contexto**, induzem o próprio cliente a fazer a compra, e não você a vender. Esse sentimento de o cliente sentir que comprou é a melhor maneira de se fechar um negócio!

Tenha pelo menos três perguntas na ponta da língua, que você saiba de cor para levantar as necessidades do cliente! Você precisa saber os motivadores de compra do seu cliente.

De acordo com Raúl Candeloro, as pessoas têm cinco motivadores de compra:

1. **BUSCA DO LUCRO, DA VANTAGEM OU DE UM BENEFÍCIO.** Exemplo: alguém compra um computador mais caro e rápido porque, com isso, vai ganhar mais agilidade e tempo;
2. **MEDO DE PERDA OU PREJUÍZO.** Exemplo: alguém que compra um seguro de viagem não quer o risco de perder seu dinheiro caso a viagem não ocorra;
3. **EVITAR INCÔMODO, DOR DE CABEÇA, SAIR DA ZONA DE CONFORTO.** Exemplo: clientes que pagam a mais para ter o produto entregue em sua casa querem evitar o incômodo de ter que ir até a loja;
4. **BUSCA DE RECONHECIMENTO, STATUS, DESTAQUE.** Exemplo: alguém que compra uma camisa com a marca famosa estampada grande na frente valoriza o fato de os outros perceberem que ele está usando uma boa marca;
5. **REALIZAÇÃO OU SATISFAÇÃO PESSOAL.** Exemplo: alguém que compra o melhor aparelho de celular simplesmente porque tem satisfação ao usá-lo.

Responda: Quais são as três principais informações que, se soubesse do seu cliente, com certeza o fariam vender mais facilmente para ele? Isso vai ajudá-lo a criar suas perguntas.

As perguntas também servem para validar se o cliente tem perfil para o seu produto ou serviço e qual tipo de proposta fará para ele. Algumas informações são muito importantes e devem aparecer quase sempre no seu levantamento de necessidades, como, por exemplo:

- *Este cliente já teve alguma experiência com a marca, o produto ou o segmento que você vende?* Isso é importante porque más experiências são um dos fatores de maior negação de compra, mesmo dando desconto;
- *Ele tem pressa?* Velocidade em resolver um problema ajuda você a saber se vai precisar negociar, e se o seu cliente está só cotando ou está interessado mesmo;
- *Esta pessoa é a decisora?* Saber isso é importante para saber se você vai negociar com ela e até mesmo que tipo de informação você vai passar;
- *Por onde esse cliente veio?* É importante saber qual foi a jornada dele para saber se ele já veio "comprando" seu produto/serviço/marca.

» PASSO 3 – BENEFÍCIOS X CARACTERÍSTICAS

Você já deve ter passado por uma situação de vendas em que foi procurar algum produto ou serviço e, chegando à loja, o vendedor começou uma extensa apresentação sobre todo o produto; porém, ao final da fala dele, você se pergunta: "Tudo bem, mas para que serve tudo isso que ele me disse?"

Isso acontece porque todo produto ou serviço é feito de benefícios e características, e quase sempre os vendedores apresentam somente as características, por serem mais "palpáveis" e visíveis.

Não podemos nos esquecer de que a maneira de vender mudou muito de alguns anos para cá. A pergunta mudou de "o que eu posso vender para o meu cliente?" para "quais são os benefícios que eu posso vender para o meu cliente?". Se eu não puder ajudar o meu cliente com o meu produto/serviço, estou fora dessa briga.

Isso acontece em vários segmentos do mercado, mas conseguimos ver isso bem claramente em dois exemplos:

Mercado automobilístico:

Este carro tem câmbio automático CVT, que só os importados têm! (O que é e para que serve o câmbio CVT?)

Este carro possui seis airbags! (Eu preciso disso? De onde vêm os outros quatro airbags? Só conheço os dois da frente.)

Mercado de calçados:

Este sapato é feito de couro de canguru! (Coitadinho do bicho! Qual a diferença para o couro vegetal?)

Este tênis tem o sistema de amortecedor Wave ou colchões de ar! (Quem precisa de amortecedor é carro! Como isso vai me ajudar? Isso voa?)

Quando fui gerente de marketing, treinava os vendedores desta maneira: pedia para que desenhassem um risco de ponta a ponta, dividindo a folha ao meio, e escrevessem quais eram as características do produto que eles vendiam, em um lado. Depois disso, pedia para que cada vendedor se levantasse e dissesse um benefício dessa característica. Surpreendentemente, muitos deles não conseguiam responder. Veja com a sua equipe se está bem claro **o que são** benefícios e características e **quais são** eles.

Nos argumentos de venda toda característica do produto deve ter um benefício!

Por exemplo, um carro de luxo:

Benefício	Características
Conforto; status (passa a imagem de uma pessoa bem-sucedida); segurança; exclusividade etc.	Design; motor 2.5; faróis de neon; seis airbags; importado da Alemanha; mais de 100 anos no mercado etc.

Um treinamento:

Benefício	Características
Mais conhecimento do mercado; vender mais; melhor relacionamento com meus vendedores; resultados mais rápidos; trabalho renderá mais; reforçar o gabarito; economia; status etc.	Profissional gabaritado; material de treinamento bem montado; local de treinamento bem localizado e equipado; certificado de uma empresa reconhecida etc.

Um modelo excepcional de trabalho para características X benefícios é apresentado pelo escritor Cesar Frazão, em seu livro *Show em Vendas*. Ele aprendeu isso com um instrutor de vendas chamado Bill Sanjurjo, e realmente é muito eficiente. O sistema chama-se "E daí?... Isso significa que...".

Utilize-o nos treinamentos desta maneira: toda vez que um vendedor disser uma característica do produto/serviço, pergunte a ele "E daí?". Assim, o seu vendedor deve vir com a resposta "Isso significa que...".

Vamos ao exemplo citado no começo deste capítulo, para mostrar a maneira correta de completar a apresentação:

Vendedor: Este sapato é feito de couro de canguru!
Cliente: E daí?
Vendedor: Ele é duas vezes mais leve que o couro vegetal, três vezes mais resistente e é praticamente impermeável. Você tem muito mais conforto, ele se adapta melhor ao pé, dura muito mais tempo e, caso o molhe, não tem perigo de deformar o sapato nem de molhar seu pé.
Cliente: Era isso que eu estava buscando!

Vendedor tem a mania de apresentar todo o produto, sem saber ao certo o que o cliente quer. Muitas vezes, nessa apresentação, o vendedor acaba falando mais do que deve e passa informações desnecessárias. Isso muitas vezes gera uma dúvida que não existia antes de o vendedor falar. Faça perguntas que encaminhem sua apresentação. Sabendo o que o cliente quer, você maximiza os pontos positivos e minimiza ou omite os pontos que não interessam a ele.

» PASSO 4 — A HORA DO PREÇO

> "No mundo dos negócios, você não conquista o que merece, somente aquilo que negocia."
>
> Chester Karrass

Se o vendedor tiver feito os três passos de forma correta e objetiva até agora, ele chegará a esta fase muito bem preparado para encaminhar a venda para o fechamento, afinal, sua argumentação fará com que a negociação seja menos agressiva. Nós já passamos pela prospecção/abordagem e pré-venda, levantando as informações e características X benefícios.

Quando passamos por esta etapa, chegamos a um momento em que muitos vendedores erram.

Nos passos das vendas com que trabalho nos cursos que eu ministro, a apresentação de valor é o 4º passo! Portanto, você já se planejou, prospectou corretamente, abordou criando *rapport*, levantou os motivadores de compra do seu cliente; agora, é só apresentar o preço certo e fechar, certo?

Bom, pelo menos deveria ser, mas o medo do vendedor nessa hora é impressionante.

Vou lhe fazer três perguntas: O produto ou serviço que você vende é bom? Você confia na sua empresa? Você confia em você? Então, por que ter medo de falar o preço?

O vendedor, em geral, tem duas grandes falhas na hora de apresentar o preço. Uma é antes de apresentá-lo e a outra, depois.

- Antes de apresentar o preço, o vendedor usa frases como: "Você está sentado?", "Posso falar mesmo? Você está preparado?", "Meu produto realmente não é o mais barato, mas…" ou "Nosso preço de tabela é…".
- Depois de falar, fica justificando o preço: "Olha, ele custa isso porque…", "… mas se você for pagar à vista tem desconto" ou "Se for levar mesmo, posso ver um desconto com o gerente…".

Gente, pelo amor de Deus! Falou o preço, fica quieto. O cliente precisa ver que você tem convicção no que está falando.

Se ele perceber que está falando com alguém que conhece o produto/serviço e o seu valor, ele automaticamente vai dar o valor devido ao produto/serviço. Para isso, reforce sempre que possível a sua autoridade, falando, por exemplo, de tendências do mercado em que você ou ele atua, citando a opinião de algum especialista na área do produto ou serviço, reforçando o que você está dizendo, mostrando pesquisas ou estatísticas. Leve depoimentos de quem já utiliza seu produto ou serviço, enfim, de alguma maneira, reforce que você sabe exatamente o que está falando!

Chega de ter medo na hora de apresentar o valor para o seu cliente, afinal, se o seu produto é bom, se sua empresa é boa e, principalmente, se você é bom, o cliente deve pagar por isso!

Dica especial:

> Diga o preço olhando nos olhos, conte (mentalmente) até três, pergunte se ficou alguma dúvida e encaminhe para o fechamento.

No livro *Armas da Persuasão,* o autor Robert Cialdini cita uma técnica chamada "rejeição seguida de recuo", que consiste basicamente em apresentar um pedido de maior valor e depois apresentar um de menor valor, tentando obter a aceitação do segundo pedido.

Trocando em miúdos, chamamos isso de "lei do contraste", quando apresentamos um valor maior primeiro e depois um valor menor, pois esse valor menor, em comparação com o outro, parece muito mais justo e acessível.

No 4º passo, é hora da negociação e da administração de objeções, para encaminhar a venda ao fechamento. Vamos ver como preparar os vendedores para esse passo, porém, antes de qualquer coisa, é preciso entender o que é uma negociação.

Negociação é conflito!

Toda negociação é um conflito. Se você fala o preço e o cliente aceita, ponto-final, não existe conflito, não existe negociação (é o sonho de todo vendedor).

Todos somos negociadores. Negociamos todos os dias com esposo, namorado, amigos, filhos, vizinhos, chefe, subordinados, no trânsito, enfim, inúmeras vezes por dia nos pegamos fazendo isso, mas não significa que sejamos bons negociadores.

A maioria das pessoas (isso inclui vendedores) acredita que o bom negociador é aquele que consegue arrancar o máximo da outra pessoa em uma negociação. A diferença entre um negociador profissional e um amador está neste pensamento:

> "Meu pai me disse: você nunca deve tentar ficar com todo o lucro de um acordo. Deixe a outra parte obter também algum ganho, pois, se a sua reputação for a de sempre ficar com tudo, você não terá muitos acordos."
>
> *J. Paul Getty*

A habilidade de um negociador profissional é obter um bom acordo e de fazer com que o outro lado saia acreditando que também fez um bom negócio. Esse lema se torna mais importante dependendo do tipo de relacionamento que você tem com seu cliente. Exemplo: se vai comprar ou vender algo de/para alguém que você nunca mais vai ver, trata-se de um relacionamento que não possui bases sólidas para uma negociação, portanto, o valor está acima dos princípios. Mas esse exemplo é raro, afinal, geralmente estamos falando de um cliente que atendemos regularmente, e que temos como princípio atender várias e várias vezes.

O sucesso de uma negociação é uma boa administração de conflito e, para isso, é preciso primeiramente **planejamento**.

Um planejamento de uma negociação deve conter:

- **MÍNIMO E MÁXIMO DO QUE EU POSSO OFERTAR:** você deve saber o limite para não fazer uma oferta muito acima do mercado (pois pode perder a venda) e também não muito abaixo (se abrir mão do lucro com descontos, vai causar problemas para você e para sua empresa);
- **SEJA O ÂNCORA:** fale primeiro o valor! Será em cima desse valor que a negociação será conduzida! Se o outro falar um valor baixo, será muito difícil vocês chegarem a um acordo que lhe agradará;

- **PEÇA ALTO:** é comprovado por testes, dinâmicas e situações do dia a dia que quem pede mais ganha mais. Não tenha medo de dizer seu preço. Peça alto (sem loucura!), vai que ele aceita;
- **SAIBA COMO ESTÁ O MERCADO:** se está faltando produto no mercado e você o tem, use a TAE (Taxa de Exclusividade), o preço não está mais em questão! Negocia melhor quem tem mais poder;
- **PROCURE NÃO NEGOCIAR NO FINAL DO MÊS:** o planejamento de metas de vendas é muito importante para o vendedor, por exemplo, nesse momento. Compradores experientes muitas vezes deixam para comprar no finalzinho do mês, pois os vendedores que não bateram meta farão concessões acima da média;
- **NÃO TENHA PRESSA:** o negociador profissional sabe o momento de dar um "gelo" e esperar um pouco para retornar. Não se desespere na frente do comprador ou ele usará isso a favor dele;
- **CALE A BOCA:** ao falar o preço (principalmente se você estiver pedindo alto), fique quieto. Tem vendedores que falam o preço e começam a falar do concorrente, do mercado, da matéria-prima etc. Já vi o comprador experiente ficar quieto e o vendedor falar tanto depois de dar o preço que, mesmo sem o comprador falar nada, ele acaba dizendo: "É, mas se você for realmente levar eu posso ver um desconto de uns 10% ou 15%."

> "Nunca te esqueças de que o poder do silêncio, aquela pausa desconcertante que nunca mais acaba, pode levar o adversário a recuar."
>
> Lance Morrow

Entenda o seu cliente: o sucesso na negociação é saber perguntar e escutar. A maioria das pessoas não está preparada profissionalmente para negociar e quase sempre "entrega o ouro". Clientes também falam demais e passam todo o poder que tinham, por deter o dinheiro, para o vendedor.

Veja um exemplo básico em uma loja de roupas:

Cliente: *Olá, estou procurando uma roupa para sair hoje à noite.*
Vendedor: *É para jantar ou é algo mais sofisticado? Para o começo da noite ou mais para o meio da noite?*
Cliente: *É que eu recebi um convite para sair com uma pessoa, e é daqui a três horas! Eu estou desesperada! Você tem uma roupa para essa ocasião?*

Pronto, o vendedor já sabe que ela não tem muito tempo para escolher e que o valor não é prioridade naquele momento. O poder passou para a mão do vendedor! Não será necessário dar descontos e, se ela pedir, é porque gostou do vestido. Assim, como ela está com o tempo curto, não serão 10% a mais ou a menos que a farão deixar de comprar. Parabéns! Você ficou com 10% a mais na negociação.

O maior inimigo da negociação: o ego!

O maior responsável por negociações não se concretizarem ou serem mal feitas é o ego do vendedor, do comprador ou dos dois. Separe as pessoas do problema!

- **FAÇA CONCESSÕES PEQUENAS E COM ESPAÇO GRANDE ENTRE ELAS:** se você tiver que fazer alguma concessão, prefira fazer algumas pequenas, com espaço de tempo grande entre elas, a fazer apenas uma concessão muito grande. Essa quantidade e esse tempo darão a sensação de dificuldade para o comprador; com isso, ele terá menos "energia e disposição" para ficar "brigando" por concessões.

Lembre-se: dar desconto não é negociar. Quando se dá algum desconto, é muito difícil voltar a cobrar o preço normal.

Se algum cliente tentar usar aquela velha história: "me dá um desconto agora que eu vou fazer uma compra grande de você no próximo pedido", use a seguinte técnica:

Ótimo, vamos fazer assim, você compra com o preço que eu lhe passei agora, e na próxima nós vemos a possibilidade de um desconto nessa sua compra grande.

Essa técnica mata qualquer "espertinho" que queira somente tirar vantagem e dinheiro de você e da sua empresa.

- **SEMPRE PEÇA ALGO EM TROCA:** sempre que você tiver que fazer concessões, peça algo em troca. Se tiver que dar desconto, peça para o cliente comprar mais ou comprar o *mix*; se tiver que aumentar o prazo de pagamento, você não pode dar desconto; se tiver que antecipar a entrega, cobre o valor cheio de tabela. Enfim, deixe claro que, sempre que alguma exceção for feita, haverá uma troca.

Essas técnicas devem ser usadas para que haja uma solução de problemas. Caso contrário, se houver somente o interesse em ganhar, independentemente do outro lado, acabará por cair na forma mais antiga de negociação, a barganha — o famoso "choro".

Como negociar com cliente que só quer preço baixo e desconto?

A revista *VendaMais* trouxe uma pesquisa muito interessante que entrevistou mais de 900 gestores de vendas. E uma das perguntas foi: *O que você, gestor, gostaria de treinar mais na sua equipe?*

Setenta e seis vírgula nove por cento dos entrevistados disseram que o que mais gostariam de treinar em seus vendedores são técnicas de negociação. Isso acontece porque cada vez mais os clientes e compradores estão mais bem treinados e informados. Estão cada vez mais cheios de técnicas e ferramentas para usar contra o vendedor. E, para piorar ainda mais esse cenário, os concorrentes estão se multiplicando.

Como consequência disso, as negociações estão ficando cada vez mais difíceis e as margens, cada vez menores. Clientes e compradores estão virando uma verdadeira máquina de barganhar desconto, não é verdade?

Isso não é culpa sua!

Você fez todos os passos de vendas perfeitamente, prospectou certo, abordou de forma empática, levantou as necessidades do cliente, descobriu seus motivadores de compra, apresentou os valores do seu produto, respondeu a algumas objeções, mas não adianta! Ele quer preço! É um cliente sanguessuga!

Ele tira tudo de você e você não ganha nada, nunca. E quase sempre com a promessa de que ele vai lhe dar algo maravilhoso lá na frente. É deste jeito: "Olha, se você fizer esse preço agora, nós vamos fazer uma compra muito grande no próximo mês e aí vamos comprar de você no preço cheio...".

Vou lhe dar quatro dicas matadoras para lidar com o cliente sanguessuga.

1. **ANTECIPE-SE:** próximo de visitar o seu cliente, envie uma carta ou e-mail informando os aumentos de preço que acontecerão. Quando for visitá-lo, ele vai brigar para não ter aumento, e não mais pelo desconto, como sempre faz;

2. **USE-O PARA GIRAR SEUS PRODUTOS:** se você tem produtos que estão encalhados ou vão trocar por algum motivo, use esses sanguessugas. Você vai desovar o que está parado, sem dizer ao mercado que está dando desconto;

3. **FAÇA-O SOFRER MENOS:** o cliente que só quer preço muitas vezes faz isso porque não tem coragem de tirar o dinheiro do bolso; ele tem dó de gastar dinheiro. Portanto, diminua seu sofrimento, ofereça pagamento em boleto, mande faturar para o financeiro, passe no cartão. Aqui vale o famoso ditado: "O que os olhos não veem, o coração não sente.";

4. E última dica matadora: **LARGA A MÃO DELE!** Vá embora. Esse cara só vai dar prejuízo. Ele toma o seu tempo, seu dinheiro e a sua energia! Procure outro cliente que lhe dê retorno, beleza?

Há dois tipos de negociação: uma baseada na barganha e a outra baseada em princípios.

A **barganha** é a forma como a maioria das pessoas negocia, sempre focada nas posições. De um lado, o vendedor querendo vender algo por um valor; do outro, o cliente querendo comprar pelo menor preço possível. Nessa briga, quase sempre os argumentos usados são:

- Eu não tenho dinheiro para isso!
- Me ajuda aí! Dá um desconto nessa e depois eu compro com o preço normal.
- O mercado está parado, não está vendendo nada!

Nessa situação, temos dois desfechos: o afável e o áspero.

No afável, alguma das partes sairá contente e a outra, descontente, alguém vai ceder mais e arcar com o prejuízo. Provavelmente não farão negócios novamente. Ambos acabam fazendo muitas concessões.

No áspero, as duas partes defenderão suas posições até a última instância e, muitas vezes, vão perder oportunidades por defenderem veementemente sua posição, sem pensar na solução do problema. Como resultado, ou fecham o negócio e acabam se desgastando, ou existe um interesse tão grande em defender seus próprios interesses que acabam com o pensamento "se quiser, leva assim, se não quiser, não leva".

Na negociação baseada em princípios, há uma cooperação mútua. Existe interesse das duas partes em solucionar um problema, e o objetivo é colocado no centro da negociação, criando uma abordagem colaborativa, com trocas de informação. Esse tipo de negociação busca fortalecer o relacionamento entre as partes, afinal, você não quer fazer apenas uma venda por cliente!

> Nunca fale do preço antes de mostrar todos os benefícios que o cliente terá com o seu produto/serviço.

É quase certo que, independentemente do preço que passe e dos benefícios que apresente, o seu cliente fará objeções e vocês entrarão em uma negociação. Portanto:

- Saiba o que é ou não negociável: você vai ao Mc Donald's e pede um lanche e um refrigerante; no final, você consegue pedir desconto? Não. Em vários lugares, a política é a de não negociar. Procure saber se o mercado é ou não negociável;
- Na hora de negociar, procure ficar ao lado do cliente. Esta posição mostra que você não está contra ele, mas junto dele;

- Observe se ele está prestando atenção, procure um local onde tenha o mínimo de "ruídos" possível. Nenhum argumento seu pode escapar dos ouvidos e olhos do cliente;
- Crie alternativas de proposta: se a negociação girar em torno do preço, monte algumas maneiras de propostas com financiamentos, pagamentos parcelados com cartão, com entrada, sem entrada, com entrada para 30 ou 40 dias, à vista, linhas de crédito etc.;
- Se a discussão for em relação à entrega, veja o valor de frete. Dependendo da quantidade, o frete pode ser pago pela empresa; se precisar de rapidez, contrate um frete mais rápido etc.;
- Se o problema for o estoque, veja se é possível trabalhar com consignação ou com o próprio estoque da fábrica etc.

Não se esqueça de que a negociação deve ser uma oportunidade para melhorar e estreitar o relacionamento, jamais piorá-lo!

O vendedor deve entender que o conflito existe no dia a dia e é saudável. Quando o cliente apresenta uma objeção é porque alguma etapa do processo de vendas não foi claramente apresentada; portanto, a objeção é em relação ao benefício que ele não viu no produto/serviço, e não ao vendedor. Está aí uma oportunidade de finalizar a venda.

De acordo com o especialista em vendas Raúl Candeloro, lembre-se de que, em negociação, você vai:

- Sempre ouvir objeções;
- Perder negócios;
- Vender, mesmo com preço mais alto;
- Entender que os clientes querem levar sempre algum tipo de vantagem;

- Entender que algumas objeções são "cortinas de fumaça", mentiras que os clientes inventam para confundir o vendedor e fazer com que ele corra para o desconto;
- Ver que os vendedores dão mais descontos do que os clientes pedem;
- Entender que você precisa ter lucro! Lembre-se de qual é a verdadeira função do vendedor.

> A missão do vendedor é ajudar os clientes a resolver seus problemas por meio de produtos e serviços que representam, com lucro para a empresa.

❯❯ PASSO 5 – OBJEÇÃO

O que você deve ter em mente é que em quase todos os casos de venda haverá objeções. Isso não é o fim do mundo, e sim um sinal de que ele se interessa, mas ainda não conseguiu ver todos os benefícios do seu produto ou serviço.

O mais importante é preparar seus vendedores para essas situações. Você não pode sucumbir diante de uma objeção — isso é tudo o que o cliente quer. Portanto, é obrigatório que treine seus vendedores.

Selecione as cinco principais objeções e repasse com eles quais são os argumentos e as soluções para elas. Quando responder às objeções, seja firme, transmita segurança e certeza do que está falando para o seu cliente.

As objeções quase sempre estão relacionadas a estas questões:

- Preço;
- Prazo de pagamento;
- Prazo de entrega;
- Quantidade mínima de compra.

Sendo que 70% delas se encaixam no motivo preço.

Tive um gerente de vendas que sempre dizia: "Caro é algo subjetivo." Portanto, não tenha medo de falar seu preço e não saia dando desconto logo no primeiro "aperto" que o seu cliente der. O que é caro para você pode não ser caro para outra pessoa. Seu produto não é mais caro, ele simplesmente vale mais! Deixe isso claro!

Uma objeção deve ser tratada por meio de cinco passos:

1. **OUVIR ATENTAMENTE:** escute realmente o que o seu cliente está dizendo, se possível anote. Às vezes, o vendedor fica tão focado em "empurrar" o produto, que se esquece de ouvir o cliente!

2. **DEMONSTRAR EMPATIA:** não confronte o cliente. A tendência do vendedor é dizer "não, o senhor não entendeu"; então, se coloque na "pele" do cliente. Às vezes, o que é claro para você não é claro para o cliente. O escritor Cesar Frazão orienta o uso de algumas frases como:

"Sei como o senhor se sente…"

"Compreendo…"

"Tive um cliente que pensava igual ao senhor…"

"Se eu estivesse em seu lugar talvez pensasse da mesma forma…"

Logo em seguida, continue contornando a objeção.

- **DEVOLVER A OBJEÇÃO EM FORMA DE PERGUNTA:** deixe o cliente responder às próprias objeções. Por exemplo:

Cliente: O frete é grátis?
Vendedor: O senhor gostaria que fosse?
Cliente: Sim!
Vendedor: Então é grátis!

Mais exemplos:

Cliente: Está caro!
Vendedor: Como assim caro? (Não seja rude, pergunte de forma sutil, como se você realmente não estivesse entendendo.)

Ridicularize o preço, divida ele por mês, semana, dias, horas, depende do produto ou serviço:

Por apenas R$4 por dia você estará com a melhor cobertura de seguro para você e para o seu carro! - É bem melhor do que R$1.460,00!

Preço reverso (o do concorrente está mais barato!) funciona muito com serviço e você tem que conhecer bem os custos do seu produto ou serviço. Demonstre, pela formação do custo, que o seu concorrente (para praticar aquele preço) economizará em algum item (atendimento, prazo, tamanho menor etc.) e que o cliente será prejudicado (medo).

1. **RESPONDER À OBJEÇÃO:** se listou as cinco principais objeções do seu dia a dia, vai tirar esta de letra. Responda na hora, com firmeza!

2. **TENTAR NOVAMENTE O FECHAMENTO:** assim que responder à objeção, volte ao seu foco: fechar a venda. Saque seu contrato ou encaminhe o cliente ao caixa.

Muitas vezes, o cliente não tem a coragem de dizer o real motivo de não querer comprar. Temos que saber que quase sempre o primeiro argumento para não comprar é falso! Vamos a um exemplo:

Cliente: O seu produto está caro!
Vendedor: Caro? Mas por que o senhor acha que está caro?
Cliente: É que eu já tenho um produto da concorrente aqui na minha loja.

Perceba que não é o preço do produto. Na verdade, ele já tem um produto da concorrente.

Vendedor: A margem que o senhor tem no meu produto é 20% maior que a do concorrente, e o senhor tem 30 dias para vender, e só depois pagar. Faça uma compra e tenho certeza de que em menos de 30 dias estarei aqui tendo que repor o produto!
Cliente: Ok. Vamos tentar!

Também muito comum no ramo das vendas é a desculpa de falar com o sócio! Porém, às vezes, este é um motivo real. A empresa tem sócios e uma pessoa só não pode decidir uma compra, principalmente se ela for de alto valor. Para isso, temos a seguinte situação:

Cliente: Vou falar com meu sócio, depois procuro você.

Se você não agendou com os dois, foi um erro, mas, se isso acontecer, pergunte: "Se o seu sócio aceitar, você fecha?" Caso o comprador tenha algo pendente, falará nessa hora o motivo; caso contrário, dirá: "Sim, por mim, eu fecho." Então, você colocará a última peça nesse quebra-cabeça e verá se realmente só depende do sócio. Basta se oferecer para falar com ele desta maneira: "Então, posso falar com ele e explicar todos os detalhes. É melhor agora pela manhã ou no período da tarde?" Se for somente esse detalhe, com certeza ele marcará um horário.

Não o deixe falar sozinho com o sócio ou você terá 99% de certeza de que ele não vai fechar a compra. A explicação e os argumentos dele com certeza não serão iguais aos seus!

Outra situação corriqueira em vendas é em relação ao vendedor de "balcão". Aqueles vendedores que trabalham em grandes magazines, supermercados, vendas de carro, vendedores de roupas, sapatos, enfim, vendedores internos que não saem de porta em porta. A história é a mesma do "sócio", só muda o nome do personagem para marido, mulher, filho, irmão, namorado(a), enfim, quem usar como desculpa. Neste caso, perder uma venda é menos aceitável, afinal o cliente já foi até o local, e isso por si só já demonstra um grande interesse de compra. O que eu vejo muito é a seguinte situação:

Cliente: *Ok, já vi esta televisão, vou falar com meu marido e qualquer coisa eu venho com ele aqui!*
Vendedor: *Ok, volta sim!*

Gente, pelo amor de Deus, não deixe essa cliente ir embora! Pergunte a ela:

Vendedor: *A senhora gostou do preço? Era este modelo que a senhora estava procurando? A forma de pagamento lhe agradou?*

Se ela responder que sim, siga o mesmo exemplo do sócio.

Vendedor: *Pela senhora, a senhora leva? O seu marido não gostaria da surpresa? A senhora quer ligar para ele? Se a senhora comprar agora, consigo colocar no caminhão de entrega e a senhora recebe hoje mesmo em casa. Eu só tenho duas unidades desta TV, ontem mesmo já vendi cinco destas.*

Veja só quantos argumentos você tem para cercar e fechar essa venda. Muitas vezes, a pessoa está muito interessada em comprar, mas é um instinto básico dizer que vai pensar. Se ela foi à sua loja, é porque ela quer, então não a deixe sair de lá sem o produto ou o pedido!

Saiba exatamente qual a verdadeira objeção do seu cliente. Falo isso porque quase sempre a primeira objeção para não comprar seu produto ou serviço é uma mentira. Como já falamos no capítulo de negociação, essa técnica se chama cortina de fumaça.

O comprador coloca uma série de objeções que não são reais, com o intuito de ganhar algo (seja desconto, brinde, prazo, frete grátis) e, no final, vai negociar o que realmente está impedindo-o de comprar.

Para que isso não ocorra, sempre que houver alguma objeção, você deve refrasear assim:

Cliente: *Não vou comprar porque este produto está caro.*
Vendedor: *É somente o fato de o senhor achar que está caro que o impede de comprar agora?*

Perceba que você não deu alternativa ao comprador, a não ser ele falar a verdade ou desmentir a sua própria afirmação.

Regra número 1 de contorno de objeções:

> **Nunca confronte seu cliente.**
> **Sempre devolva uma objeção com uma pergunta.**

Seguem, abaixo, alguns modelos de contorno de objeção devolvendo com perguntas retiradas do livro *Alta Performance em Vendas*, do autor Dale Carnegie:

Cliente: Acho que vou procurar por outra coisa.
Vendedor: O que exatamente você está esperando encontrar?
Cliente: O seu preço é alto demais.
Vendedor: O que mais preocupa você com relação ao preço?
Cliente: Não tenho tempo para falar sobre isso agora. Você poderia me enviar alguma coisa por e-mail?
Vendedor: É claro. Que tipo de informação você precisa?
Cliente: Acho que esse equipamento não vai funcionar na nossa fábrica.
Vendedor: O que o preocupa em relação ao equipamento?
Cliente: O seu concorrente apresentou uma proposta melhor.
Vendedor: O que especificamente torna a proposta melhor?

Viu como fica muito mais fácil contornar objeções devolvendo com perguntas? Além disso, você não entra em conflito com o seu cliente e demonstra que está realmente interessado nos problemas dele e que pretende ajudá-lo. Acabo de falar para nunca discutir com o cliente, para devolver a objeção com uma pergunta e, também para, depois de falar o preço, não ficar dando justificativa, pois isso dá argumentos para o cliente. Inclusive argumentos nos quais ele não tinha nem pensado.

Tom Hopkins, autor do livro *Quando Compradores Dizem Não,* é um dos maiores especialistas em vendas do mundo e nos ensina que "objeções são degraus da escada para o sucesso em vendas".

O que ele quer dizer é que, quando existe alguma objeção, existe algum interesse em comprar. Quando aparece alguma objeção, é porque o seu cliente simplesmente não entende algo ou não ficou claro para ele o porquê de ele pagar aquele valor por aquele serviço ou produto. Ele quer, só não viu valor naquele preço!

O que funciona para todas as objeções é saber se realmente é **apenas** aquele problema que impede o cliente de comprar de você.

Veja abaixo três técnicas matadoras para lidar com objeções.

1. **UMA OBJEÇÃO MUITO COMUM É "NÃO TENHO DINHEIRO AGORA".** Você, vendedor, precisa saber se o cliente está falando a verdade! O seu tempo vale muito dinheiro. Você não pode perder seu precioso tempo com prospect ruim. Não ter dinheiro pode ser uma verdade. Se for, agradeça e pergunte se ele conhece alguém que poderia aproveitar esses benefícios que você acabou de apresentar. Peça indicação!

   Mas e se ele estiver mentindo e usando esse argumento como forma de barganha? E se ele estiver falando a verdade, e não tiver dinheiro **naquele momento**? Utilize a fórmula Empatia + Reforço + Solução: "Concordo, Sr. João. Se eu conseguir o prazo que o senhor precisa, o senhor fecha comigo?";

2. **TOME A INICIATIVA. DEPOIS DE ADMINISTRAR UMA OBJEÇÃO, FECHE A VENDA. NEM SEMPRE O CLIENTE DIZ "EU QUERO LEVAR".** Meu amigo, você já viu várias técnicas para lidar com objeções. Depois de contornar uma delas, é hora de fechar. Quase nunca o cliente vai dizer "ok, vamos fechar". Você vai precisar dar um "empurrãozinho". Na dúvida, seja ousado e feche a venda!

3. **SE MESMO ASSIM O CLIENTE NÃO QUISER FECHAR A VENDA...** tente o último ataque: feche a pasta, guarde suas coisas e diga: "Agora que eu não consegui vender para você, me diga, por que você não comprou de mim?" Pode parecer um ato meio desesperado, mas, muitas vezes, o cliente acaba dizendo a verdade, e aquela venda que você tinha dado como perdida está de volta!

❯❯ PASSO 6 – FECHAMENTO

Aqui talvez esteja a maior dificuldade da maioria dos vendedores: saber fechar uma venda. Muitos nem mesmo tentam, com medo de uma rejeição; outros fazem de forma agressiva ou desordenada. Abaixo, você verá dicas importantes para aumentar sua taxa de fechamento.

Tenha a iniciativa de fechar

Não tenha medo, acredite que está ajudando o seu cliente a decidir pelo seu produto. Sinta a disposição do cliente, o clima da venda para fazer *cross selling*: se for fazer uma venda casada, feche esta e, em seguida (com um link), comece a outra. Não perca a venda sendo ganancioso!

Sempre confirme o pedido, repetindo para ele o negócio fechado: o começo do pós-venda está logo em seguida do fechamento. Deixe claro o que foi acordado, repetindo os valores, prazo de entrega, prazo para pagamento e forma de pagamento.

O que observamos muitas vezes nos fechamentos são quatro situações:

- Fechar cedo demais;
- Fechar tarde demais;
- Não tentar fechar;
- Fechar e continuar falando.

É claro que a pior situação de todas é "não tentar fechar". Já a "menos pior" é "fechar cedo demais". Entre fechar cedo demais e tarde demais, com certeza, fique com a primeira. Melhor tentar fechar antes do que perder o tempo do fechamento.

Fique atento aos sinais de fechamento

- O cliente faz perguntas tipo: Como posso pagar? Tem desconto à vista? E se eu levar dois? Tem como entregar hoje? Vem alguma coisa de brinde?
- Ele assume uma postura calma, dá pausas entre as falas, se inclina para frente;
- Procura mais informações sobre o produto, mexendo no folder ou buscando informações na proposta;
- Quer ter certeza do prazo, do desconto e da data de entrega;
- Faz perguntas do tipo: "Este é o melhor mesmo?", "Este é o modelo mais novo?" ou "O pessoal da minha área costuma comprar este?", enfim, perguntas para ter certeza de que está fazendo um bom negócio.

» OBJEÇÕES EM GERAL

Técnica do OU/OU

Após contornar uma objeção, encaminhe o fechamento com perguntas que não darão alternativas a não ser a de fechamento. Exemplo:

O senhor prefere pagar no cartão ou no cheque? O senhor prefere pagar no boleto ou via depósito?

A senhora prefere o azul ou o vermelho?

Para a senhora, é melhor receber no período da manhã ou da tarde?

Não dê alternativas para o cliente desistir da compra.

Tire o contrato

Assim que perceber que é a hora de fechar, coloque o contrato no centro da mesa e peça uma nota fiscal, RG ou algum documento que contenha as informações que você necessita para preenchê-lo. Ou, se estiver um pouco mais difícil, mostre o contrato e diga do que se trata (por cima, não precisa dar uma aula de direito). Exemplo:

> *Este nosso contrato é simples, mas bem seguro. Ele lhe dá segurança do que está comprando, de que cumpriremos todos os termos acertados dentro do prazo estipulado. Preciso somente de um documento seu para preencher o contrato...*

Chave de braço

Esta técnica é usada quando o cliente coloca algum "empecilho" para não comprar o produto, do tipo:

> ***Cliente:*** *Se tivesse frete grátis, eu levaria.*
> ***Vendedor:*** *(dá uma chave de braço) Se eu lhe der o frete grátis, você leva?*

Ou

> ***Cliente:*** *Se tivesse desconto à vista, eu levaria.*
> ***Vendedor:*** *(chave de braço) Se eu der o desconto, você leva à vista?*

Ou

> ***Cliente:*** *Se você me entregasse hoje, eu levaria.*
> ***Vendedor:*** *Se eu conseguir entregar, você leva?*

Se o cliente especificar o problema, tente solucioná-lo, mas, antes, pergunte se, caso o solucione, ele levará; senão, ele ficará pedindo um monte de coisas e você nunca vai fechar a venda.

Use pontes para o fechamento

Utilize a frase ou objeção do cliente para fazer a ponte para o fechamento:

Por exemplo... Isso leva à...
Por esse motivo...

Fechamento pelo medo de perder

Só tem mais um!
Esta promoção acaba hoje.
Temos apenas três destas unidades e somos quatro vendedores. Se o senhor arriscar e não levar agora, é bem provável que os outros vendedores tenham vendido.

Fechamento das três opções

- Apresente a primeira, a mais cara (*premium*, o "pacote completo", "preço cheio");
- A segunda é a proposta que você quer vender. A que recomendaria;
- A terceira é a opção mais barata, a mais simples, sem nenhum atrativo.

Fechamento "ficou alguma dúvida?"

Após apresentar o preço, aguarde uns três segundos e pergunte se ficou alguma dúvida. Se o cliente falar que não tem nenhuma dúvida, escolha qualquer um dos fechamentos acima e finalize a venda!

Cross Selling e Up Selling: Vendendo Mais

Uma das perguntas mais frequentes que recebo em meus treinamentos e palestras é: "Que estratégias podem ser usadas para vender mais?"

Bem, existem milhares delas, e aqui vou falar sobre dois conceitos bem simples que você pode usar: o cross selling e o up selling.

O que significa cada um deles?

Do inglês, **cross selling** significa basicamente "venda cruzada". É quando o vendedor atrela um ou mais produtos, que complementam a compra, a um primeiro produto, pelo qual o cliente demonstrou interesse.

Exemplo: aquelas promoções que alguns cinemas oferecem para adquirir dois ingressos mais a pipoca e o refrigerante. É comum que as pessoas se interessem por esses produtos ao ir ao cinema, logo, existe uma excelente oportunidade para atrelar um ou outro.

Já o **up selling** significa, fundamentalmente, "vender mais". É quando o vendedor apresenta um produto superior, geralmente com mais funções e um custo-benefício melhor.

Exemplo: imagine que você vai comprar um fogão. Ao chegar à loja, um modelo com quatro bocas, simples, chama sua atenção. É bem provável que o vendedor lhe mostre alguns outros modelos parecidos, porém com algumas funções a mais, como acendimento automático, luz no forno, timer, entre outras. Isso é up selling.

Essas estratégias podem ser usadas em conjunto, de maneira que uma complemente a outra. Um lugar em que isso já é padrão é nas lanchonetes de fast-food. Para estudarmos esse exemplo, imagine que você entrou em uma loja de fast-food e está interessado apenas em pedir um hambúrguer. A atendente, como você já deve estar acostumado, vai lhe oferecer também as batatas fritas e o refrigerante. Veja a tabela a seguir, para entender melhor como essa combinação funciona:

Cross Selling (Combo)	Up Selling (Maior quantidade)
Batata frita média (150g)	Batata frita grande (200g)
Refrigerante médio (500ml)	Refrigerante grande (700ml)

Dessa forma, o estabelecimento convence você a levar tanto outros produtos quanto uma quantidade maior deles. Jogada de mestre!

Sob uma perspectiva mais ampla, existem duas maneiras de aumentar a receita das suas vendas: conseguir novas contas ou aumentar o valor das já existentes. É exatamente dessa forma que funcionam o cross selling e o up selling.

Segundo o consultor de marketing norte-americano Philip Kotler, conquistar um novo cliente custa de cinco a sete vezes MAIS CARO do que manter um cliente atual. A maioria dos livros de marketing reforça essa ideia, mas diversas empresas ainda concentram seus esforços e recursos na captação de novos clientes, quando vale bem mais a pena cultivar um relacionamento de longo prazo com os clientes já existentes, que dificilmente darão margem à concorrência e ainda vão fazer boas propagandas do seu produto.

Dicas para vender usando o cross selling:

- Oferecer produtos que satisfazem necessidades complementares do cliente;
- Criar oportunidades para vender produtos complementares;
- Apresentar uma experiência de compra mais completa;
- Usar a estratégia da escassez para oferecer outros produtos;
- Oferecer descontos nos kits e pacotes.

> ⚠ **IMPORTANTE**
>
> O elemento fundamental para usar bem o cross selling é criar **oportunidades** a partir das possíveis **necessidades** do cliente, apresentando uma experiência de compra mais completa, mediante soluções que atendam melhor às suas necessidades. Nunca tente empurrar produtos aleatórios!

O cross selling pode ser usado por empresas dos mais variados tamanhos e segmentos. O primeiro passo é identificar em seu portfólio de produtos e serviços quais produtos estão correlacionados e como eles podem se encaixar na proposta.

> ⚠ **ATENÇÃO**
>
> No cross selling, o cliente pode comprar os produtos separadamente. A venda de um não está obrigatoriamente atrelada à do outro. O cliente deve poder comprar os produtos à parte, e ambos devem poder ser utilizados individualmente.

Já o up selling visa fazer com que o cliente opte por um produto mais caro. Entre as razões que você pode apresentar para que ele adquira o produto de custo superior, estão:

- Melhor qualidade;
- Mais vantagens;
- Maior durabilidade;
- Mais recursos;
- Mais funcionalidades.

A estratégia do up selling é amplamente utilizada nos setores de informática e de eletrônicos. Um grande exemplo é o que ocorre quando você vai comprar um notebook ou celular novo. É de praxe que o vendedor pergunte se você não gostaria de adquirir um modelo superior, com mais recursos.

Se identificar uma oportunidade de fazer um up selling, lembre-se de oferecer um produto que seja coerente com a necessidade do cliente. Já vi alguns vendedores cometerem o absurdo de oferecer produtos que estavam muito acima do que aquele que o cliente estava considerando e que, consequentemente, eram muito mais caros. Isso simplesmente não funciona.

Aqui vão algumas dicas para você usar o up selling de maneira coerente:

- Leve em consideração o poder aquisitivo do cliente. A melhor forma de saber isso é perguntando de maneira discreta: "Quanto o senhor(a) está disposto(a) a investir?";
- Não ofereça produtos que sejam muitíssimo superiores, mas aqueles que estejam um pouco acima do que o cliente está considerando levar;
- Crie a oportunidade com base em necessidades reais. Não invente coisas a respeito do produto que não são verdadeiras. Isso é charlatanismo!

Agora que você já conhece as diferenças entre cross selling e up selling, lembre-se sempre de apresentar opções que sejam vantajosas para o cliente. "Bom negócio é o que fica bom para as duas partes", já diz o ditado.

» DICAS PARA VENDER MAIS COM CROSS SELLING E UP SELLING

1) Tenha cuidado com as sugestões

Sugerir um produto que nada tenha a ver com a necessidade do cliente ou algo muito mais caro do que o produto que ele solicitou só vai lhe causar dor de cabeça. Você precisa fazer uma boa venda, portanto, concentre-se nas necessidades do cliente;

2) Capriche nas opções

Procure não se limitar. Em vez de apresentar opções inválidas e fora da realidade da negociação, ofereça produtos diversificados. Por exemplo: se o cliente vai até a sua loja para comprar uma capa para smartphone, procure mostrar a ele não só os modelos de que ele gostou, mas os parecidos também. Perceba que esta pode ser uma excelente oportunidade para vender uma película nova ou um kit higienizador de celulares. Use sua criatividade!

3) Venda valor

Nunca ofereça um produto que não atenda aos pré-requisitos da venda apenas para lucrar. Isso não é vender, é ser desonesto. Além do cliente, que é o primeiro prejudicado, você queimará também a empresa e a si mesmo. Ofereça produtos que satisfaçam desejos e necessidades reais;

4) Ofereça benefícios exclusivos

O cliente precisa se sentir especial. Dê a ele oportunidades exclusivas. E, caso peça desconto, lembre-se sempre de pedir algo em troca (como o pagamento à vista, por exemplo);

5) Compre agora ou você vai perder

A técnica da escassez é amplamente utilizada e quase sempre funciona, principalmente para os clientes mais indecisos que, ao perceber que restam poucas unidades, partem para a compra;

6) Conduza o cliente para o lado emocional

A maioria das decisões que tomamos são muito mais influenciadas por nossas emoções do que por questões racionais. Portanto, na hora de vender, procure atrelar as vantagens do produto ou serviço às emoções do cliente. Muita gente compra por impulso, mas isso não significa que não queiram comprar;

7) Invista em treinamento

Não me canso de ressaltar a importância que um bom treinamento da equipe de vendas tem sobre o desempenho da sua empresa quando o assunto é rentabilidade. Se você acha que investir em treinamento é um "luxo desnecessário", meu amigo, seu negócio está com os dias contados. Vender é arte e ciência: só fica bom quem pratica.

São infinitas as possibilidades para explorar ao utilizar o cross selling e o up selling. Use e abuse da sua criatividade para gerar mais receita com vendas e deixar os clientes cada vez mais satisfeitos.

Nunca se esqueça de que você é vendedor e de que sua MISSÃO como vendedor é gerar valor para o cliente.

> O cross selling e o up selling podem ser usados de maneira combinada, porém não é um pré-requisito. O mais importante é ser criativo na hora de negociar e se ater às regras de ética para garantir a satisfação do cliente.

❯❯ PESQUISA DE SATISFAÇÃO DO CLIENTE

Engana-se o vendedor que pensa que seu trabalho termina quando fecha a venda. A venda em si é parte do processo, e, para gerar um valor de verdade para o cliente, é preciso acompanhar se a necessidade dele foi atendida.

A melhor maneira de fazer isso é realizando uma pesquisa de satisfação, que nada mais é do que um feedback dado pelo cliente em relação ao produto/serviço que ele adquiriu.

Saber o que o cliente pensa é de extrema importância para o sucesso do seu negócio, independentemente do segmento em que sua empresa atue. Sem a opinião dele, você simplesmente não tem como saber se o seu produto é bom e como pode fazer para promover melhorias.

Tenho aqui alguns dos números de uma pesquisa que evidenciam a importância desse feedback:

- 70% das empresas não possuem o cadastro de seus clientes;
- 85% nunca fizeram pós-venda;
- 94% nunca usaram tecnologias digitais para monitorar seus clientes;
- 97% não conhecem o NPS (Net Promoter Score).

Estes são dados alarmantes. Quando consideramos a crescente competitividade que emergiu nos últimos anos, esse cenário piora ainda mais. Como é possível que, em pleno século XXI, com toda a disponibilidade de tecnologias, aplicativos, softwares e outras ferramentas digitais, algumas empresas ainda não saibam o que seus clientes pensam?

É preciso entender, meu amigo, que tudo o que você produz é para alguém. Se você não sabe o que seu cliente acha do produto/serviço que você oferece, você não sabe o que está fazendo.

A questão é: Como saber o que o cliente pensa? Como saber se ele está satisfeito e o quão satisfeito está? A partir de que tipo de feedback eu devo decidir ajustar meu produto? Como modificá-lo em função de agradar o cliente?

Estas são perguntas frequentes e extremamente pertinentes, e existem diversas formas de obter esses dados. A maneira mais eficaz de fazer isso é por meio da pesquisa de satisfação.

Então, vamos aos procedimentos e detalhes.

» O QUE É A PESQUISA DE SATISFAÇÃO DO CLIENTE?

É uma ferramenta ou conjunto de ferramentas utilizadas para criar um **canal de comunicação** com o cliente. Dessa maneira, é possível mapear **fraquezas** e **oportunidades** que ainda não haviam sido identificadas.

Sua empresa pode usar a pesquisa de satisfação para atender aos mais diversos propósitos específicos, como:

- Entender melhor as necessidades e os desejos dos clientes;
- Ajudar os clientes a ter uma experiência melhor com seu serviço;
- Aprimorar processos de produção e entrega;
- Corrigir defeitos e ajustar produtos e serviços;
- Avaliar o desempenho de diferentes unidades de atuação.

O modelo mais usado desse tipo de pesquisa, hoje em dia, é o de questionário online. Geralmente, ele é enviado para o cliente logo após a aquisição do produto ou serviço, para que avalie a experiência de compra.

Vale lembrar que, dependendo do seu empreendimento, vale mais a pena realizar a pesquisa **presencialmente**. O feedback de alguns tipos de negócios funciona melhor dessa forma. Se o foco do seu negócio é voltado a idosos, por exemplo, é mais indicado que se faça uma pesquisa presencial.

> Se não existe comunicação com o cliente, você não tem como saber o que ele pensa a respeito do seu produto e, portanto, fica mais difícil implementar melhorias bem orientadas.

A pesquisa de satisfação deve ser realizada de maneira **periódica** e **sistemática**. Assim como é importante ter a opinião do cliente, também é essencial que esses dados estejam organizados da melhor forma possível.

Dessa maneira, você pode não só implementar melhorias, como também aprimorar os padrões de satisfação, identificar tendências e encontrar **forças competitivas** em relação à concorrência. Lembre-se de que estar um passo à frente do concorrente é essencial para garantir o sucesso do seu negócio.

Se ainda não estiver convencido, seguem algumas razões (sustentadas por dados) pelas quais você deve implementar as pesquisas de satisfação:

1) 91% dos clientes insatisfeitos nunca mais fazem negócios com sua empresa

Cliente bom é aquele cliente, muitas vezes tido como chato, que reclama quando não é bem atendido e está sempre sugerindo alguma coisa. Em vez de ficar irritado, seja inteligente e escute-o. Ele está dando-lhe informações valiosíssimas, não jogue isso fora. Aquele cliente que deu um sorrisinho forçado para o vendedor ao sair da sua loja não vai mais voltar!

2) 55% dos consumidores não concluem a compra devido ao mau atendimento

Sem dúvida, a qualidade do produto é importantíssima, mas, na maioria das vezes, o cliente compra pelo atendimento. Não faça a besteira de ser leviano quando o assunto for esse;

3) A maneira como o cliente é tratado representa 70% da experiência de compra

O valor do produto em si, na maioria das vezes, não é o que agrada o cliente, mas o atendimento. Para deixar o cliente satisfeito, você precisa ter dois objetivos: resolver o problema dele e fazer com que a experiência da compra seja positiva;

4) 70% dos clientes que têm seu problema resolvido voltam a fazer negócios com a empresa que proporcionou a experiência

Na hora de atender o cliente, o quesito que mais pesa é a empatia. Trate-o como você gostaria de ser tratado, resolva o problema dele como você gostaria que o seu fosse resolvido;

5) Apenas 43% dos clientes que reclamaram afirmam ter resolvido seu problema

Este é um dado surpreendente. Significa que 57% dos clientes, além de não terem recebido um bom atendimento, também não tiveram seu problema resolvido. No fim das contas, quem sai mais prejudicado é o vendedor, porque concorrente é o que não falta. "Cliente insatisfeito é cliente que não volta mais" — escreva essa frase em um papel bem grande e cole-o em um lugar que você veja todos os dias;

6) 55% dos consumidores estão dispostos a pagar mais por uma boa experiência

Um exemplo muito conhecido disso são as classificações de clientes. Amplamente utilizadas nos bancos, as classificações diferenciam os clientes com maior poder aquisitivo, oferecendo benefícios como atendimento personalizado e sem filas. O resultado é o que você pode esperar: um cliente mais satisfeito, que não se importa de pagar mais pelo serviço.

As pesquisas de satisfação vão ajudá-lo a determinar que tipos de produtos e serviços podem ser oferecidos para gerar essa satisfação.

Outro bom exemplo de utilização dessa estratégia são os serviços com atendimento online que oferecem uma exclusividade no atendimento mediante uma fidelização ou anuidade. Existem inúmeras formas de explorar esta estratégia, então, seja criativo;

7) 66% dos clientes optam pela concorrência quando têm uma experiência ruim

Você precisa entender que seu cliente é como sua esposa ou esposo: se você não lhe der atenção, outra pessoa dará. E a consequência óbvia é que, cedo ou tarde, ele(a) desistirá de receber sua atenção. Assim como você precisa se dedicar muito para convencer o cônjuge da importância que dá a ele, o mesmo deve ser feito com o consumidor.

Não confunda as coisas. Essa comparação é para você entender a importância que seu cliente tem para seu negócio. Estou falando de ser zeloso e dar a devida atenção a quem é importante para você.

> Quem manda no seu negócio é você, mas quem o sustenta é o cliente. O foco das atividades da sua empresa deve estar sempre voltado à satisfação do consumidor.

Agora, apresento as etapas que você deve seguir para realizar uma pesquisa de satisfação. Ressalto que podem haver exceções, mas, fundamentalmente, se você seguir as seguintes etapas, colherá resultados excelentes.

» ETAPAS DA PESQUISA DE SATISFAÇÃO DO CLIENTE

1. Definir o **OBJETIVO** da pesquisa;
2. Definir o **FORMATO** da pesquisa (online, presencial, por grupo focal etc.);
3. Definir o **PÚBLICO-ALVO** da pesquisa;
4. Definir a **AMOSTRAGEM** (qual parte da "população" participará);
5. Usar **QUESTÕES SIMPLES**, objetivas e diretas;
6. Definir o **CANAL** de coleta dos dados;
7. Alinhar a **ABORDAGEM** com o cliente;
8. **APLICAR** a pesquisa;
9. **ORGANIZAR** os dados e **IDENTIFICAR** os aspectos mais importantes;
10. **AGIR** em função dos resultados.

> "Seus clientes não esperam que você seja perfeito. O que eles esperam é que você resolva um problema quando algo der errado."
>
> *Donald Porter*

9
POR QUE OS CLIENTES COMPRAM: MEDO OU PRAZER?

Entrevista exclusiva com o especialista
GUSTAVO MOTA – Especialista em branding e marketing digital, Fundador e CEO da We Do Logos.

ACESSE O QR CODE E CONFIRA

As pessoas compram por dois motivos: **prazer** de realizar algum sonho ou satisfazer alguma necessidade ou **medo** de perder uma boa chance e não ter prazer. Portanto, apresente argumentos com os dois motivos.

Exemplo de PRAZER:

Vendedor: A princesa da Inglaterra usou um destes outro dia na TV.

Vendedor: Você viu o slogan deste carro? Para quem é moderno e bem-sucedido!

Vendedor: Esta máquina vai reduzir em quase 40% o tempo que você gasta para fazer o mesmo trabalho. Vai sobrar mais tempo para você curtir seus filhos, sua esposa, para você poder pescar!

Exemplo do MEDO:

Vendedor: Tenho apenas três unidades deste produto no estoque. Ontem mesmo eu vendi quatro dessas. Não posso reservar!

Vendedor: Existem produtos semelhantes a este e mais baratos, realmente, mas o senhor já viu alguém que comprou? O senhor tentou falar no pós-venda da empresa? Já tive inúmeros clientes que me procuraram desesperados para saber o que fazer com esse produto quebrado, e tudo isso por um pouco mais de 10% de diferença no preço. A dor de cabeça e o tempo que o senhor vai perder valem os 10%?

›› USE DEPOIMENTOS

Pesquisas revelam que a porcentagem de fechamento utilizando depoimentos e indicações pode chegar a 60%. As pessoas acreditam muito mais em outros consumidores — e até mesmo em concorrentes — do que no próprio vendedor.

›› COMPRAR E NÃO COMPRAR

Esta é mais uma técnica que aprendi com Cesar Frazão. Se, por acaso, o cliente estiver se contradizendo e mesmo assim não está querendo fechar a compra, pegue um papel e faça um risco no meio, dividindo-o em duas partes. No canto superior de uma das partes escreva: "Vantagem em comprar" e na outra escreva "Vantagem em não comprar", e peça para que ele escreva. Caso ele não o faça, pegue você mesmo e escreva, perguntando a ele.

Vantagem em comprar	Vantagem em não comprar

›› CONHECER A CONCORRÊNCIA

O vendedor precisar saber quais são os pontos fortes e fracos de sua empresa/produto/serviço e dos concorrentes. Só com essas informações, ele terá argumentos para apresentar caso seu cliente diga:

- O do concorrente é mais moderno;
- O do concorrente é mais barato;
- O prazo do concorrente é maior;
- O acabamento do concorrente é melhor;
- A entrega do concorrente é mais rápida.

Se seu cliente falar isso, você saberá se é verdade ou não? E, se for verdade, saberá dizer o porquê de o seu preço ser maior?

Se tiver um setor de marketing competente, peça para eles uma análise SWOT dos concorrentes. Isso o ajudará muito a identificar e repassar aos vendedores as forças, fraquezas, ameaças e oportunidades em relação aos seus principais concorrentes.

Quando fui gerente comercial de uma empresa de eventos, além de fazer análise SWOT quantitativa, colocava os materiais fotográficos que os concorrentes vendiam (álbum, CD, DVD, pôster) e, algumas vezes, até mesmo alguns contratos dos concorrentes para que os vendedores e eu pudéssemos analisar e ver o que tínhamos de melhor ou diferente deles.

Para a maioria dos gestores e dos vendedores, concorrente é aquele que nos tira dinheiro. Quando disse isso uma vez em um curso, um dos participantes disse: "Se for assim, minha mulher é minha principal concorrente!"

Portanto, vamos saber quais são os dois principais tipos de concorrentes.

1. **CONCORRENTE DE PRODUTOS SIMILARES:** são aqueles concorrentes diretos. Ex.: McDonald's é concorrente do Burguer King. Coca-Cola, da Pepsi.
2. **CONCORRENTE SETORIAL:** sua empresa vende sapatos de couro alemão por R$1.000,00; a outra empresa vende sapatos de

couro por R$150,00. É o mesmo produto, porém, com preços distintos, para públicos distintos e com valores diferentes.

Existem outros tipos de concorrência, como concorrência de forma e genérica, mas não vamos levá-las em consideração, caso contrário, vamos generalizar o assunto e perder o foco.

Para sabermos quem realmente é nosso concorrente direto, temos que levantar e cruzar as seguintes informações:

- **PREÇO:** *premium*, médio ou econômico. O preço do seu produto é alto, médio ou baixo?
- **QUALIDADE:** excedente ou requerida. Seu serviço ou produto possui matéria-prima ou mão de obra especializada ou é comum?
- **PÚBLICO-ALVO:** seu público possui as mesmas características sociodemográficas, como idade, gênero e classe social ou perfil psicográfico, personalidade, motivações, atitudes e valores?

Só podemos considerar nossos concorrentes se esses itens forem iguais; caso contrário, ele atenderá outras pessoas, com outros objetivos e que possuem outras motivações e valores.

≫ REFORÇO DE VENDA

Estar diante de um cliente é uma oportunidade cada vez mais rara e difícil de se conseguir, portanto, o vendedor tem que estar com todas as "ferramentas em mãos", desde as mais básicas até as que são diferenciais, aquelas que ajudarão o cliente a tomar a decisão a favor desse ou daquele vendedor.

Quase sempre procuramos "fórmulas" ou "ferramentas" mágicas para as vendas e nos esquecemos do básico, o começo da venda.

Como diz a famosa frase: "Vamos começar do começo." Abaixo, um *checklist* que o gerente de vendas deve cobrar do seu vendedor para não falhar na hora H:

- Roupa ou uniforme impecável. O cliente, primeiro, compra sua imagem; depois, sua ideia ou seu produto;
- Cartão. Deu bom dia e esticou a mão, entregue um cartão (os corretores de imóveis são campeões nisso);
- Calculadora (de preferência, HP 12c);
- Caneta boa (de preferência, com a logo da sua empresa). Já vi vendedor com a caneta do concorrente!
- Portfólio (folder, vídeo de apresentação, pasta, catálogos etc.);
- Tabela de valores. O vendedor precisa saber todas as formas de pagamento, quais os juros, linhas de crédito etc. Para isso, a HP 12c ajuda muito. Certa vez, um vendedor não fechou uma venda de uma festa de formatura, pois grande parte dos alunos queria pagar em parcelas que venceriam depois da data de execução do evento. Na época em que ele entrou na empresa, só trabalhávamos com depósitos na conta e cheque, mas, na data desse ocorrido, já trabalhávamos com cartão de crédito (o vendedor não sabia). Só ficamos sabendo isso no final do mês, quando fazíamos as reuniões. Já era tarde! Perdemos a venda;
- Contrato ou talão de pedido. Mesmo que o histórico mostre que a venda de seus produtos esteja na 4ª ou 5ª visita, leve o contrato ou a nota já na primeira. Conheci vendedores que fecharam contratos de R$100.000,00 na primeira visita, e não foi apenas uma vez, não! Se for necessário alterar dados no contrato, leve uma impressora, altere, imprima e assine.

Estas são algumas ferramentas básicas, mas, acredite, muito vendedor não sai com sua caixa de ferramentas completa. Essas ferramentas são acessíveis a todos os vendedores e, possivelmente, pela falta de uma delas, sua empresa perderá vendas.

- **Carta de apresentação:** esta "arma" era — e até hoje é — utilizada como um grande benefício para quem fechava o contrato com a empresa X (ramo de formaturas). A carta de apresentação é um documento que contém certificações e negativos da empresa em todas as instituições financeiras e de controle do governo, mostrando que a empresa não tem nenhuma dívida, nenhuma restrição, nenhuma pendência financeira e nenhum processo. Resumindo, é uma empresa idônea e que cumpre com todos os seus compromissos sociais e financeiros.

Em alguns casos (como, por exemplo, para vender para instituições públicas) isso é indispensável, mas, na maioria dos casos, não existe essa regra. Portanto, nós tínhamos a **característica** (ter o documento, ser idônea, não ter pendências) e mostrávamos o **benefício** (segurança de ter a certeza de a festa ser executada, do cumprimento do contrato etc.). Estar com suas obrigações em dia é algo que deveria ser normal, mas, infelizmente, em várias empresas, não é. Então, imagine um cliente que vai assinar um contrato de 100, 200 até mesmo 600 mil reais e o único que mostrou ser correto, estar com suas obrigações em dia, é você. De quem ele vai comprar?

Portanto, se a sua empresa está com tudo correto (e eu acredito que sim), não deixe de colocar essa carta de apresentação na pasta de seu vendedor. A cada novo contato, leve-a para seu cliente!

- **Depoimento:** a carta de apresentação, também contém nomes, telefones e e-mail de pessoas que já compraram da sua empresa e que o recomendam, além de alguns depoimentos sobre o que eles acham do produto/serviço oferecido.

Tive vendedores que pegavam depoimentos por e-mail, escritos ou até mesmo levavam suas câmeras digitais (ou pelo celular) e gravavam para depois mostrar aos novos clientes. Incentive seus vendedores a pegarem depoimentos e coloque-os junto à carta de apresentação. Se seus vendedores não estão conseguindo muitos depoimentos ou indicações, comece a se preocupar com isso e reveja as vendas, pois isso pode ser um sinal de que seus clientes não estão dispostos a indicar seu produto/serviço.

>> COMO LIDAR COM OS PRINCIPAIS TIPOS DE CLIENTES

Com certeza você já reparou que os clientes têm diferentes reações quando você apresenta seu produto, as características e o preço. Isso acontece porque cada pessoa tem um modo de pensar específico, e você, como um grande vendedor, precisa adaptar o atendimento conforme os tipos de clientes.

É importante saber lidar com os diferentes tipos de clientes porque, independentemente do ramo em que sua empresa atue, você e/ou seus vendedores precisam conhecê-los para prestar o melhor atendimento possível. Vendedor que não conhece o cliente é vendedor que está com os dias contados no mercado.

Pode ser que você encontre clientes com características diferentes, mas, no geral, estes são os tipos mais comuns. Se você não conseguir identificar as características básicas do cliente logo de cara, não tenha medo nem vergonha de perguntar.

Segundo uma pesquisa realizada pela revista *Pequenas Empresas, Grandes Negócios*, 61% dos consumidores brasileiros valorizam mais a qualidade do atendimento do que o preço ou a qualidade do produto. Por isso, concentrar-se em fazer um atendimento de excelência aumenta significativamente as chances de fechar vendas. Olho vivo nas oportunidades. O que diferencia um bom vendedor de um vendedor excepcional são os detalhes. Atenha-se a eles para se destacar da maioria e garantir seu espaço no mercado.

Entenda o cliente para saber o que ele pensa e sente a respeito do problema ou desejo dele. Alguns clientes não têm critérios bem definidos, o que pode ser ótimo para um vendedor experiente e péssimo para um vendedor amador sem paciência. Em suma, uma boa venda precisa de dois elementos fundamentais:

- **RESOLVER O PROBLEMA/ATENDER O DESEJO DO CLIENTE:** não me canso de repetir que cliente insatisfeito é cliente que não volta mais. Se você espera ser um vendedor bem-sucedido, precisa entender que é necessário gerar **valor** para o cliente. Portanto, concentre-se nisso em vez de empurrar qualquer coisa só para fechar a venda;
- **GARANTIR QUE O CLIENTE VOLTE A COMPRAR COM VOCÊ:** claro que, na maioria dos casos, não há como ter 100% de certeza de que o cliente retornará, mas você precisa se concentrar em fazer tudo o que for possível para aumentar as chances de que ele retorne. Enquanto um bom vendedor está com a cabeça no fechamento da venda, o vendedor excepcional está concentrado em garantir a próxima.

Se teve uma lição que eu certamente aprendi em meus 20 anos de experiência com vendas é que não adianta dominar apenas as técnicas de vendas. É necessário conhecer os tipos mais comuns de clientes, bem como seus hábitos de consumo, suas expectativas e perspectivas sobre a vida. Dependendo do que sua empresa comercializa, alguns tipos de clientes serão bem mais frequentes do que outros, e conhecê-los bem fará toda diferença no seu negócio.

Baseado nos estudos de personalidade humana dos mestres da psicologia Sigmund Freud e Carl Jung, analisei quatro tipos de clientes em função de suas complexidades emocionais. São eles:

- **CLIENTE PRAGMÁTICO:** mais prático, este cliente demanda uma abordagem mais direta e incisiva, respostas claras e informações úteis. Ele quer efetuar uma compra específica, e você deve proporcionar isso a ele;
- **CLIENTE ANALÍTICO:** mesmo que leve uma eternidade, este cliente precisa analisar todas as informações antes de efetuar a compra. Por isso, tenha em mãos todos os detalhes do produto para responder às inúmeras perguntas que fará;
- **CLIENTE AFÁVEL:** este é o cliente amigável, que aprecia as relações interpessoais. Sua linguagem com ele deverá ser informal, buscando proximidade. Além disso, procure não falar apenas do produto, mas conversar com ele sobre assuntos diversos como família, esportes ou hobbies;
- **CLIENTE EXPRESSIVO:** adora atenção e mais ainda ser paparicado. Ele não quer saber do produto, mas falar sobre a própria vida. Assim, você deve manter uma linguagem informal e se mostrar parceiro, dando vazão a conversas de assuntos variados.

Agora que você já conhece os tipos de clientes de acordo com sua complexidade emocional, vamos conhecer os principais tipos de clientes em função de sua personalidade, bem como suas características, técnicas para lidar com eles e exemplos frequentes.

1) Cliente negociador

O cliente negociador é aquele tipo de cliente que não gosta de enrolação e, por isso, a primeira coisa que costuma fazer ao ouvir o preço é dizer que está caro. Outro fator marcante a respeito desse cliente é gostar de conduzir a negociação, se achando um verdadeiro sabichão.

Dependendo do caso, existem basicamente quatro alternativas que você pode seguir para lidar com esse cara e, se possível, fugir de dar desconto:

- **Antecipar-se:** antes de visitá-lo, envie um e-mail informando-o sobre os aumentos de preços que estão para acontecer. Dessa forma, o que ele vai tentar fazer é comprar pelo preço normal em vez de mendigar desconto;
- **Oferecer produtos que estão parados no estoque:** assim, você tanto se livra do que está encalhado no fundo da sua loja quanto deixa de oferecer descontos para produtos mais concorridos;
- **Oferecer outras formas de pagamento:** este é o tipo de cliente que não suporta tirar dinheiro do bolso, um verdadeiro sanguessuga. Ofereça pagamento no cartão de crédito, no boleto ou em parcelas. Aqui o que vale é o famoso ditado: "O que os olhos não veem, o coração não sente.";
- **Desistir:** é isso mesmo. Assim como você tem que retornar valor para o cliente, ele tem que retornar faturamento para você. Se isso não acontece de maneira justa, a melhor coisa que você pode fazer é desistir desse cara que só serve para tomar seu tempo, dinheiro e energia. Fuja dele!

O principal ao lidar com o cliente negociador é saber contornar as objeções, que geralmente não são poucas. Nesse caso, quanto mais você souber a respeito do produto, mais fácil será rebater os comentários dele.

2) Cliente decidido

Este é um dos tipos de cliente que costuma não dar trabalho. Geralmente, ele costuma entrar na loja determinado a fazer a compra, pois pesquisou tudo a respeito do seu produto e já se certificou de que a loja ao lado não cobra mais barato.

Sendo assim, procure responder a suas perguntas da forma mais clara possível, pois dificilmente conseguirá convencê-lo de alguma coisa. Além disso, evite mostrar que conhece mais o produto do que ele, pois este cliente possui um certo orgulho de saber mais do que você.

O foco aqui é deixá-lo à vontade, no controle da situação. Às vezes, menos é mais: quanto menos você opinar aqui, mais rápido fechará a venda.

3) Cliente indeciso

Este é exatamente o contrário do cliente decidido: é o tipo de cliente que vai fazer você gastar todas as estratégias de vendas que aprendeu desde o primeiro dia como vendedor.

Ele quer adquirir seu produto ou serviço, mas não sabe bem os motivos para tal. É comum que ele não entenda bem como seu produto vai resolver o problema dele. Na verdade, ele se interessou por alguma coisa que você vende e não entende bem a razão desse interesse.

Caso sinta que ele só está com dúvidas, mas está inclinado a fazer a compra, compare modelos, marcas e preços junto com ele, pois isso transmite segurança. Procure também detalhar características, vantagens e desvantagens do produto que ele está ponderando adquirir.

> Existem basicamente dois tipos de cliente indeciso: o cliente que está na dúvida se seu produto vai resolver o problema dele e o cliente que está na dúvida sobre o próprio problema, simplesmente porque ele não sabe qual é.
>
> No primeiro caso, procure orientá-lo. No segundo, procure deixar que ele decida.

Resumidamente, esse tipo de cliente precisa da sua ajuda e da sua paciência. Você só conseguirá fechar a venda se mostrar a ele que é confiável, ou seja, que não está oferecendo algo que não serve.

4) Cliente oportunista

Todo vendedor já cruzou com aquele cliente que finge que vai fechar a compra só para entender como o produto funciona ou solicita uma proposta detalhada para usar como projeto interno na empresa dele.

Você precisa ser firme para lidar com pessoas antiéticas. Só envie propostas depois de entrar em contato diretamente com o tomador de decisões da empresa para a qual você quer vender, de preferência, o CEO.

Este é um dos piores tipos de cliente que você pode encontrar, porque ele não está interessado em nenhum dos seus produtos. O que ele quer é se dar bem em cima de você. Muito cuidado com pessoas assim.

5) Cliente confuso

Este cliente é mais ou menos como o cliente indeciso. A principal diferença entre eles é que o cliente confuso realmente não sabe o que quer. Ele tende a misturar as informações e a ficar cada vez mais na dúvida.

O que você deve fazer é orientá-lo, buscando soluções simples. Nada de ficar mostrando várias alternativas e confundindo ainda mais sua cabeça. O seu objetivo é oferecer valor para o cliente em troca de um preço. Foque esse objetivo e tudo dará certo.

Outra característica marcante deste tipo de cliente é não conseguir tomar uma decisão sozinho. Sendo assim, aqui também é de suma importância que você se mostre um verdadeiro aliado e parceiro do seu cliente, para que ele se sinta seguro ao comprar com você.

Eis uma lista de atitudes que você deve tomar para lidar com clientes confusos:

- Facilite a vida do cliente confuso para que ele facilite a sua também;
- Nunca apresente mais opções do que ele pediu, pois você pode acabar confundindo-o ainda mais;
- Foque em resolver o problema dele de maneira simples.

6) Cliente nervoso

O cliente nervoso é aquele cara extremamente exigente que foi muito passado para trás na vida. Isso faz com que ele se sinta muito frustrado, reagindo à maioria das coisas que você diz.

Assim como o cliente confuso, é extremamente necessário que você tenha paciência com este tipo de cliente. Ele não quer prejudicar você como o cliente oportunista, mas ele tem dificuldade em aceitar as coisas.

Procure contornar suas reações de maneira firme, porém educada. O que ele quer, assim como todo consumidor, é se sentir seguro.

Seja o mais claro e transparente quanto for possível e logo ele perceberá que você é uma pessoa digna de confiança.

Uma dica importante para você que pretende se tornar um vendedor excepcional: desenvolva sua **inteligência emocional.** Nunca permita que uma situação tire você do sério. Você precisa estar no controle da negociação e, para isso, precisa desenvolver sua habilidade de lidar com situações adversas.

> Você precisa desenvolver sua inteligência emocional para qualquer atividade que exercer na vida. Nunca perca a calma. Mantenha sua mente focada no que realmente importa: a venda.

7. Cliente "sou o cara"

Este é aquele metido a sabichão, que pensa saber tudo sobre tudo, mas que, na verdade, não sabe nada sobre nada. Pode até ser que ele saiba bastante mesmo, mas o prazer dele está em saber mais do que você.

O que acontece, na verdade, é que esse cara é fortemente guiado pelo ego. O que importa para ele é ter o ego inflado, sentir que está dando-lhe a incrível oportunidade de lhe vender alguma coisa.

Mais uma vez, você precisa ter paciência. Lembre-se de que, quanto mais o ego dele estiver inflado, mais próxima a mão dele estará da carteira. Procure usar esse ego enorme dele como uma oportunidade para vender com cross selling e up selling, duas estratégias usadas para vender mais.

> O cliente do tipo "sou o cara" precisa ter a sensação de que a conclusão partiu **dele**. Nunca tome a frente da negociação quando estiver vendendo para um cliente assim, pois isso pode gerar um desconforto para ele. Não se esqueça de que o que vai gerar conforto para você é fechar a venda.

8. Cliente "a esperança é a última que morre"

Tenho certeza de que você já se deparou com a seguinte situação: prestes a fechar a venda, o cliente aparece com uma demanda ou proposta diferente, tenta um desconto ou pergunta se pode parcelar, por exemplo.

Essa situação é comum com este tipo de cliente. Ele está à procura de uma grande vantagem e acha que o melhor momento para conseguir é na hora do fechamento, porque o vendedor está mais inclinado a aceitar o negócio e concluir logo a venda.

Muito esperto da parte dele, mas não vai funcionar com você, que é ainda mais esperto. A principal tática que você pode usar com esse cara é deixar bem evidente o quanto seu produto é superior ao do concorrente e como as vantagens em comprá-lo são excelentes. Para isso, tenha sempre em mãos estudos de mercado e da concorrência, além de mostrar todas as especificidades do seu produto ou serviço.

Em última instância, lembre-o de que vocês fizeram um acordo. O momento de pedir desconto e questionar as características do produto é durante a negociação, não no fechamento.

» GATILHOS MENTAIS: O QUE SÃO E COMO USÁ-LOS?

O que são gatilhos mentais?

Os gatilhos mentais são estímulos que a mente recebe para tomar decisões. Nosso cérebro é uma grande máquina que processa milhares de informações por segundo e é responsável por fazer cerca de 35 mil escolhas por dia. Grande parte dessas decisões não demanda reflexão profunda, mas consiste em escolhas simples, como optar entre café ou chá.

Resumidamente, os gatilhos mentais são **impulsos** que despertam **sensações**. São **atalhos** para a tomada de decisões.

Diversas técnicas de vendas são fortemente baseadas em gatilhos mentais. A maioria das decisões que tomamos é mais influenciada pelo que sentimos, não por justificativas racionais.

A questão aqui é como usar os gatilhos mentais para ajudá-lo a fechar uma venda com aquele cliente indeciso. Para isso, vamos entender um pouco melhor como eles funcionam.

Os gatilhos mentais despertam sensações que alimentam os impulsos. Toda vez que alguma coisa acontece, você tem uma reação, que é basicamente uma escolha automática que seu corpo toma visando buscar ou evitar o ocorrido. Assim como o susto, que é uma defesa natural da sua mente, ativa sua atenção, os gatilhos mentais ativam sua **reação**.

Por isso, eles são artifícios psicológicos que podem ser usados para conduzir o cliente a tomar uma decisão rápida e favorável a você.

Como funcionam os gatilhos mentais?

Exatamente como expliquei, eles evocam uma **sensação** responsável por fazer com que o cliente tome uma **decisão**. Se você quer se tornar um vendedor excepcional e um batedor de metas insuperável, precisa entender como usá-los.

Apresento aqui os nove exemplos de gatilhos mentais mais comuns e, em seguida, cito exemplos e explico melhor como cada um deles funciona.

Os nove exemplos mais comuns de gatilhos mentais são:

1. Escassez;
2. Urgência;
3. Prova social;
4. Reciprocidade;
5. Autoridade;
6. Novidade;
7. Storytelling;
8. Solução simples;
9. Comunidade.

Agora, vamos entender melhor como você pode usar cada um deles para aumentar suas vendas.

1) Escassez

O gatilho mental da escassez evoca a sensação de que o produto ou serviço foi muito adquirido e que, portanto, restam poucas unidades. Tenho certeza de que você já ouviu essa frase da boca de algum vendedor ou a leu em algum cartaz por aí.

Por sua simplicidade, este é um dos gatilhos mais frequentes. Costuma funcionar muito bem com clientes "medrosos", que temem encontrar o produto mais barato ou outra solução mais em conta.

Nesses casos, dizer que "só tem mais algumas unidades" ou mesmo "este é o último que sobrou" costuma funcionar para fechar a venda.

Assim, sempre que estiver negociando com um cliente que não está apresentando objeções, mas está enrolando para concluir a compra, use o gatilho mental da escassez. É sucesso quase certo!

> As pessoas tendem a se interessar muito mais por aquilo que é raro, limitado e exclusivo do que por coisas a que têm fácil acesso.

Você pode usar a escassez durante a etapa de divulgação inicial do produto, por meio de anúncios que contenham frases como: "edição limitada" ou "restam apenas X".

Vale lembrar que é fortemente recomendado que você use esse recurso com moderação e de maneira lógica. Sair por aí dizendo que todos os seus produtos estão acabando pode diminuir o interesse do cliente se ele perceber que você está inventando. Muito cuidado;

2) Urgência

Este é outro gatilho mental muito simples e eficaz, pois não existe nada como a urgência para nos fazer tomar uma decisão.

Pense comigo: Se o último dia para aproveitar o desconto é hoje, por que você deixaria para comprar amanhã ou semana que vem?

Imagino que, a essa altura, eu não precise mais lembrá-lo de que é necessário gerar valor para o cliente em cada venda, certo? Infelizmente, é comum que as pessoas usem o recurso da urgência para vender alguma coisa que não serve. Para começar, você nunca deve apresentar um produto que não serve para o cliente. Não se esqueça de que cliente insatisfeito é cliente que não volta mais!

Os exemplos mais comuns de urgência em vendas estão relacionados ao prazo. Provavelmente, você já se deparou com um anúncio em um site que tinha um cronômetro apontando o tempo que falta para acabar o tal desconto. Isso é saber usar a urgência a favor do vendedor.

Por último, vale destacar que a urgência e a escassez estão fortemente relacionadas. Enquanto a **escassez** é definida pela **quantidade** restante, a **urgência** se baseia no **tempo** que ainda existe para aproveitar a oportunidade;

3) Prova social

As pessoas se sentem muito mais seguras quando compram alguma coisa que é bem falada por outras que também a compraram. Isso porque nossas referências do que é bom e do que não é são fortemente influenciadas pela opinião alheia.

Por acaso você já reparou que fica muito mais confortável em adquirir um produto que outras pessoas avaliaram positivamente? Esse fenômeno cultural é conhecido como "bandwagon effect" (que, em português, é mais ou menos como o dito popular "Maria vai com as outras"). O que esse fenômeno nos diz é que, no geral, as pessoas gostam de comprar o que outras pessoas estão comprando.

> Ao gerar valor para os clientes, você aumentará o potencial de suas vendas de maneira **gradual**. Se, além disso, captar as opiniões e avaliações dos clientes satisfeitos, aumentará suas vendas de maneira **exponencial**.

É por isso que você deve investir nas pesquisas de satisfação do cliente e disponibilizar um canal de atendimento ao consumidor para garantir que saiba o que o cliente pensa. Dessa maneira, você não apenas fica à frente da concorrência, como aproveita o feedback para gerar mais vendas por meio deste gatilho mental da prova social.

O e-commerce está cheio de exemplos de prova social em seus sites. Basta verificar que, quanto mais avaliações um produto tem, mais pessoas passam a comprá-lo (se forem positivas, claro);

4) Reciprocidade

Não existe nada tão positivo para um vendedor quanto um bom relacionamento com seus clientes. As pessoas prezam, antes de mais nada, por se sentir bem.

É por isso que a reciprocidade é um excelente gatilho mental, pois gera essa sensação de bem-estar. O gatilho da reciprocidade defende que as pessoas sempre retribuem uma gentileza quando ela é espontânea e sincera. Tendo isso em mente, seu empreendimento pode se beneficiar muito dessa estratégia.

Algumas das maneiras de gerar essa empatia são: enviar cartas de agradecimento, brindes, prêmios, amostras grátis, entre outros. Use sua criatividade e certifique-se de oferecer aquele algo a mais para seu cliente sempre que for possível.

Um excelente exemplo do gatilho da reciprocidade é uma campanha feita pela empresa de automóveis Jeep. Com o intuito de convencer seus clientes a fazer um teste com um novo modelo, a empresa lhes enviou um mimo: uma caixa com um relógio (simbolizando todas as horas), uma bússola (simbolizando todos os lugares) e amostras de vários elementos. Fica difícil recusar o convite depois dessa, não?

Eis uma lista de algumas coisas que você, vendedor, pode fazer para gerar essa reciprocidade com o cliente:

- Sorrir (simples e funciona surpreendentemente bem);
- Fazer um elogio (tem que soar natural, do contrário não funciona);
- Oferecer um agrado (às vezes, um cafezinho ou balinha basta);
- Conversar (muito bom para quebrar o gelo e deixar o cliente mais à vontade).

O importante ao usar este gatilho é ser criativo e fugir de ideias óbvias. Ainda que você tenha uma pequena empresa, pode prestigiar os clientes de uma forma mais simples. Lembre-se de que o importante é fazer com que eles se sintam especiais;

5) Autoridade

Estou certo de que você já viu uma daquelas propagandas em que um ator famoso aparece consumindo o produto ou utilizando o serviço. Bem, este é o gatilho mental da figura de autoridade, que atribui à empresa a credibilidade de ter alguém importante aprovando seu produto ou serviço.

O que acontece aqui é que as pessoas pensam: "Bem, se Fulano está usando, deve ser muito bom." E, assim, dão preferência ao produto que está sendo anunciado.

Exemplos muito comuns deste tipo de gatilho são os anúncios que grandes empresas de alimentos fazem com pessoas famosas consumindo seus produtos. Isso passa muita credibilidade ao público.

Similar ao que ocorre no gatilho da prova social, o que acontece aqui é que a aprovação do produto é feita por apenas uma pessoa ou grupo de pessoas, suficiente para convencer o público geral da qualidade do seu produto.

> A figura de autoridade não precisa ser alguém famoso. Também funciona se for um especialista da área em que sua empresa atua. Caso não seja amplamente conhecido, basta explicar, em poucas palavras, quem a pessoa é e que importância tem para o mercado em que sua empresa está inserida.

Lembre-se de que as pessoas não gostam de fazer quase nada sozinhas. A menos que seu produto tenha como objetivo principal ser exclusivo e gerar status para o cliente, a figura de autoridade funcionará muito bem;

6) Novidade

Ninguém resiste a uma boa novidade, não é mesmo? Aposto que você já comprou um produto só porque era novo e quis saber o que tinha de diferente do modelo que você estava usando até então. Acertei?

Mas não se julgue, a ciência explica: o que acontece é que, neurologicamente, há forte liberação de dopamina (neurotransmissor do prazer) quando as pessoas são expostas à novidade. Basta alguns dias de rotina para termos a necessidade quase incontrolável de ter uma experiência com um sabor, aroma ou qualquer outra coisa diferente do que estamos acostumados.

O consumidor fica mais feliz quando realiza uma compra que representa algo novo em sua vida. Por isso é tão frequente empresas de tecnologia e informática descreverem as novas utilidades de seus produtos nos anúncios e propagandas. As pessoas simplesmente não resistem.

No mundo moderno, com a quantidade de informação a que somos expostos todos os dias, esse desejo por novidades se tornou algo quase instantâneo. Hoje, mais do que nunca, o ser humano possui uma necessidade enorme de novidades, o que acontece com cada vez mais frequência.

Um excelente exemplo de novidade recente que virou febre é o brinquedo *spinner*. Da noite para o dia, simplesmente todo mundo apareceu com um daqueles: crianças, adolescentes, adultos, meninos, meninas, até mesmo idosos. Diz-se que tem uma finalidade terapêutica, mas não sabemos até que ponto isso é verdade. O inegável é que virou mesmo febre;

7) Storytelling

Segundo pesquisas, o cérebro humano tem mais facilidade em armazenar informações que estão atreladas a histórias. Foi considerando esse fato que as propagandas começaram a investir em storytelling, que nada mais é do que contar histórias.

Por meio de uma narrativa, aspectos relacionados ao produto ou serviço vão sendo apresentados. Assim, o cliente mergulha na história e automaticamente guarda as características do produto.

Você, como vendedor, pode usar o storytelling para citar exemplos de pessoas que usaram o produto e tiveram alguma experiência positiva com ele. Se tiver uma história engraçada, então, é uma excelente opção, afinal, quem não gosta de dar umas boas risadas?

O storytelling é mais um dos gatilhos mentais que conta muito com a **emoção**, pois é disso que as histórias tratam. Nossos sentimentos também estão fortemente atrelados ao aprendizado e à retenção de informações. Por isso, aproveite para fechar algumas vendas com o storytelling quando sentir que existe uma brecha para contar uma história.

> Por meio de histórias, as pessoas se envolvem emocionalmente com situações e com a aquisição de um produto, pois ela atribui significado à compra.

Quando um vendedor usa este gatilho durante uma negociação de vendas, ele abre espaço para que o cliente se projete utilizando o serviço ou produto. Dessa forma, a decisão da compra será baseada mais na sensação do que na razão.

Ressalto que aqui também é muito importante saber usar sua criatividade. Ninguém gosta de ouvir histórias forçadas e tediosas, portanto, trate de engajar o cliente com o storytelling;

8. Solução simples

Simplificar, assim como vender, é uma arte. Os últimos 20 anos abriram espaço para uma série de inovações tecnológicas que afetaram o mundo todo, transformando nossas vidas em verdadeiros desafios cotidianos para se superar.

Em meio a esse cenário, sai na frente quem tem a capacidade de simplificar as coisas. Ninguém gosta de complicações, a vida já está cheia delas. O que as pessoas querem é ter seu problema resolvido da maneira mais fácil possível, e, se você entregar isso a elas, ganhará um ponto de confiança.

Por mais específico que seu produto ou serviço seja, simplificar ainda mais é um critério importante na hora de considerar a resolução de problemas. Quanto mais simples for a resolução, melhor.

Você pode relacionar essa praticidade com benefícios que o cliente receberá ao utilizar seu produto, como, por exemplo, perder menos tempo (e, assim, poder passar mais momentos com a família e os amigos) ou economizar com produtos complementares (se o seu produto simplificar a questão de maneira a dispensar um refil, por exemplo).

Cada vez mais, as pessoas percebem a importância de economizar tempo, pois ele tem se tornado bastante escasso. Se o seu produto tem a vantagem de simplificar a resolução do problema, use isso para fechar a venda.

> ⚠ **IMPORTANTE**
>
> O tempo é um recurso extremamente precioso. Muitas pessoas preferem gastar mais para economizar tempo. Você, vendedor, deve usar isso em sua vantagem.

Na hora de fechar a venda, lembre-se de que a simplicidade que seu produto oferece é uma vantagem para você, vendedor, principalmente se o produto do concorrente não apresenta a mesma característica;

9. Comunidade

A sensação de pertencimento é algo extremamente valorizado pelo ser humano. É comum que as pessoas não gostem de ficar sozinhas, ainda que isso signifique estar em vantagem.

Por isso, muitas empresas oferecem um portal de comunicação com outros usuários, no qual é possível trocar experiências sobre os produtos adquiridos. Isso cria **engajamento** entre as pessoas, que fortalece a sensação de pertencer a um grupo diferenciado.

Por isso, muitas empresas oferecem um portal de comunicação com outros usuários em que é possível trocar experiências sobre os produtos adquiridos. Isso cria **engajamento** entre as pessoas, o que fortalece a sensação de pertencer a um grupo diferenciado.

O ser humano é, por natureza, sociável. As pessoas adoram formar grupos. Se você souber aproveitar isso, proporcionará uma experiência única, e tenho certeza de que seus clientes ficarão mais satisfeitos.

Às vezes, os consumidores não compram o produto pelas vantagens que oferece, mas pelo status que terão a partir dele. Isso está fortemente relacionado à sensação de pertencimento a um grupo específico, que se diferencia dos outros justamente por utilizar tal produto.

Essa situação é muito comum com grifes de roupas, por exemplo. São raras as exceções em que alguém compra uma peça de luxo sem ter considerado a marca, só porque gostou. O mais comum é que as pessoas comprem o produto unicamente porque é da marca X ou Y. O que elas querem, na verdade, é usar a mesma roupa que Fulano ou Cicrano, apenas para se sentir parte do grupo exclusivo de pessoas que usam aquela roupa.

> ⚠️ **ATENÇÃO**
>
> Lembre-se de que o gatilho mental da comunidade vai depender do seu produto e do setor em que sua empresa atua. Em alguns contextos, o que o seu cliente quer, na verdade, é ser diferente da maioria.

Tudo vai depender do valor que você espera agregar e do que seu cliente quer. Tenha sempre em mente que o cliente compra pelos motivos dele, não pelos seus. Portanto, trate de entender quem é seu cliente e o que ele busca, antes de usar o gatilho mental da comunidade, pois pode ser que ele queira, na verdade, fugir da mesmice.

10
REUNIÕES DE VENDA: QUANDO E COMO?

Primeiramente, qualquer reunião de vendas, seja ela para um "puxão de orelhas" ou para incentivar a equipe, deve ser extremamente intensa, com energia e entusiasmo. Em segundo lugar, tenha bem claro para você e para todos os vendedores os motivos da reunião. Para que ela será feita?

Você pode fazer reuniões até diárias, se:

- Isso fizer efeito;
- For viável (se tiver vendedores que morem longe do escritório e eles tiverem que ir todos os dias até lá para, só depois, sair para vender; pode ser que eles percam algumas visitas por dia, principalmente se for em uma cidade grande, com muito trânsito);
- For necessário (equipes de venda de cartão de crédito, revistas, assinatura de TV são mais sensíveis a reuniões diárias pela manhã).

Tive diretores e gerentes de vendas que eram verdadeiros motivos de piada entre os vendedores. Realizavam reuniões todos os dias, sempre para dar bronca e quase sempre sem sentido, o que fazia com que o rumo da conversa se perdesse. E, no final da reunião, se você perguntasse o motivo dela, ninguém conseguia responder.

> ⚠️ **ATENÇÃO**
>
> Faça reuniões para motivar, dar exemplos e elogiar! Bronca a gente dá na sala, olho no olho do vendedor. Elogio a gente faz em público!

Dicas para deixar a reunião mais interessante:

- Distribua docinhos nas reuniões;
- Decore o ambiente da reunião;
- Utilize recursos audiovisuais (projetor, computador, som, filmes, música);
- Faça com que eles levem alguma lembrança da reunião (um brinde, um texto relacionado ao assunto, uma pequena frase, um broche, um adesivo).

Deixe na mente de seus vendedores que a reunião está ligada a algo que eles sairão ganhando e que mesmo aquele "puxão de orelha" tem o intuito de que eles vendam mais e melhor e, consequentemente, ganhem mais dinheiro!

» FAÇA 10% A MAIS

A pessoa de sucesso é aquela que faz o que ninguém quer fazer!

Assim como o vendedor de sucesso, aquele que está no topo, que obtém resultados além da meta, precisa e faz sempre pelo menos 10% a mais do que a maioria. Esses 10% a mais de trabalho, de dedicação, de superação farão com que você seja o destaque em resultados.

Diferentemente do que se pensa, o sucesso não é fazer o que todo mundo quer; sucesso é fazer o que ninguém quer fazer.

Ninguém quer:

- Ficar 10% a mais no trabalho sem, muitas vezes, receber para aquilo (você já ouviu a frase "eu não vou ficar aqui mais não, já são 18h e eu não ganho mais para ficar");
- Chegar 10% mais cedo para verificar e-mails, pendências burocráticas, arrumar sua pasta, suas propostas, buscar novos clientes na internet, ler um artigo...
- Dar 10% a mais de atenção a um novo ou antigo cliente que está com um problema (já ouviu a frase: "Eu já vendi, já fiz minha parte, o cliente que espere ou ligue no 0800?").

Um grande exemplo desses 10% aconteceu em uma empresa de recuperação de crédito na qual um grande amigo meu é gerente e, não por coincidência, o destaque da empresa.

Devido à greve nos bancos que havia acontecido naquele mês, ele teve alguns problemas em alcançar a meta, coisa raríssima em sua condecorada carreira. Mas isso não ocorreu somente com ele e com a empresa em que trabalha; aconteceu com todos os outros gerentes e empresas concorrentes que trabalharam arduamente para tentar recuperar o tempo perdido.

Não contente, esse amigo meu fez uma reunião com seus colaboradores no sábado, quase no final do dia, e disse:

Pela primeira vez em muitos meses, nós estamos longe de bater a nossa meta. O mês está acabando e temos somente duas coisas a fazer: ficar lamentando, colocando a culpa na greve dos bancos e, no final do mês, receber somente o nosso salário — agindo como as outras equipes que não conseguiram bater a meta — ou podemos ser apenas 10% melhores, 10% mais dedicados e fazer história por ser a ÚNICA EQUIPE DA EMPRESA A BATER A META NO MÊS DE GREVE DOS BANCOS! Eu escolho ser o melhor, escolho entrar para a história da empresa. Eu vou vir trabalhar no domingo das 8h às 13h, porque eu quero esse dinheiro para mim! Quem me acompanha?

Mais de 70% de toda sua equipe foi trabalhar nesse dia — estou me referindo a mais de 400 pessoas! Ele preparou um delicioso café da manhã, fez uma pequena preleção antes de dar início ao trabalho e, no final, eles tiveram um dos dias mais rentáveis de todo o ano!

Não estou dizendo para você se matar de trabalhar e se dedicar apenas ao trabalho; estou orientando para que faça apenas 10% a mais. Dedique 10% a mais do seu tempo para ler um livro ou um artigo; avaliar seu vendedor; bolar novas maneiras de incentivar seus vendedores; fazer uma reunião de vendas mais produtiva e interessante; enfim, dedique 30 minutos do seu domingo, antes daquela cervejinha, para investir em você!

» COMO FAZER REUNIÕES QUE DÃO RESULTADO

Uma dúvida frequente que percebo entre os gestores de equipes de vendas é como fazer reuniões eficazes e que gerem os resultados esperados.

A primeira coisa que você, gestor, precisa ter em mente é que existem algumas características fundamentais de que uma reunião precisa para atender aos objetivos definidos e, assim, gerar mais resultados para todos.

Essas características formam o acrônimo GIFTS, que vem do inglês e significa *presentes*. Vamos, então, analisar cada um de seus componentes.

G (*Good start,* ou grande começo)

O início da reunião dará o tom de toda sua continuidade. Por isso, trate de começar "com o pé direito", como diz o dito popular.

Abra esse encontro entre seus colaboradores com um bom dia bem vivo (ou boa tarde, ou boa noite, se for o caso) e uma boa notícia. Isso fará com que o ânimo dos vendedores seja levantado, ainda que o cenário seja ruim. Lembre-se de que uma das principais características de um bom líder é engajar os seus subordinados.

Não precisa ser a novidade do século, basta que você comece a reunião com uma boa dose de otimismo. Do contrário, que resultados você espera obter de sua equipe se nem mesmo você parece acreditar no que está fazendo?

Entre as opções de boas notícias que pode dar, sugiro coisas como:

- **Números da empresa:** como indicadores de crescimento, aumento nas vendas ou boas projeções do mercado. Os números não precisam ser astronômicos, basta que sejam positivos;
- **Notícias que afetam positivamente o seu negócio:** a grande vantagem dessa sugestão é que, se o cenário regional estiver muito ruim, você pode apresentar uma notícia de âmbito nacional ou mesmo internacional. O que vale aqui é trazer algo que possa somar para sua empresa;
- **Frases ou citações motivacionais:** Só use esta opção se for muito necessário e a coisa estiver muito feia. Geralmente, os colaboradores sabem quando os gestores só estão a fim de colocar a equipe para cima, e isso pode ficar ainda mais evidente ao abrir uma reunião com uma frase motivacional. Porém, se você sentir que ficou sem alternativas, está valendo.

I (*Improvement*, ou aprimoramento)

Reserve um momento da reunião para lembrar a todos daquilo que precisa ser constantemente aprimorado. Existem certas coisas que demandam atenção sempre e não podem ser negligenciadas de maneira alguma.

Se você trabalha com mercadorias que costumam vender rápido, por exemplo, sabe muito bem da importância de manter o estoque sempre cheio. Além disso, é provável que você precise ficar atento também às datas de compra (ou renovação do estoque), para evitar que faltem produtos na prateleira.

Enfim, o objetivo desta dica é colocar em pauta os hábitos que sustentam suas atividades e mantêm tudo nos conformes, pois é essencial que eles sejam reforçados para garantir a continuidade da empresa.

F (*Focus*, ou foco)

Uma das características mais importantes de uma reunião eficaz é, antes de qualquer coisa, ter um foco bem definido. Fico impressionado com a quantidade de gestores que me confessa terminar a reunião, ou mesmo chegar à metade dela, sem saber o objetivo que deu origem ao encontro.

São esses gestores que costumam virar piada entre os vendedores e colaboradores, pois a falta de um objetivo específico causa a impressão de que o gestor da equipe está tão desorientado quanto um cego em um tiroteio.

Para ser um excelente líder, você precisa liderar. Isto é, precisa caminhar sempre à frente do batalhão, bem orientado e com um norte preciso. Caso contrário, seus subordinados vão pensar que você não é competente e vão perder o respeito por você.

Mantenha o objetivo da reunião em foco. Se necessário, escreva em letras bem grandes em um quadro ou cartaz, para que todos saibam por que estão ali. Se você faz reuniões diárias, por exemplo, procure lembrar a todos das metas diárias (aquilo que ninguém pode terminar o dia sem fazer). Essas ações farão com que você perca menos tempo com coisas que não fazem diferença.

T (*Team*, ou equipe)

Este é o momento de ressaltar a importância do trabalho em conjunto, de recordar seus vendedores de que nenhum resultado é obtido sem a colaboração de cada um. Lembre-se de que uma equipe é um coletivo de pessoas que compartilham os mesmos interesses. Do contrário, o que você terá é um grupo (coletivo de pessoas com objetivos diferentes).

Outro fator importante nesse momento é reforçar a importância individual que cada um tem para o cenário mais amplo em que a equipe atua como unidade. Caso sua equipe seja muito grande, veja se funciona subdividi-la em um, dois ou três subgrupos menores e lembre a cada um deles da importância que tem para o time todo.

> Você, como gestor e líder, tem a missão de unir o potencial de cada um para alcançar resultados para todos. Nunca se esqueça disso.

Por último, repasse as metas da equipe no curto, médio ou longo prazo (dependendo da periodicidade das suas reuniões).

S (*Status*)

Para que a empresa funcione da melhor maneira possível, é necessário que os departamentos tenham uma comunicação eficaz e constante um com o outro. Por isso, traga informações sobre o que outras equipes estão fazendo e os resultados que estão obtendo, ou o status geral da empresa.

Isso é muito importante para que cada equipe conheça melhor uma à outra, trabalhando em consonância para que tudo na organização funcione.

Aqui, o objetivo é trazer um panorama geral da empresa, a fim de conscientizar cada colaborador da importância de seu trabalho para o cenário mais amplo.

Seguindo essas cinco dicas, ficará mais fácil conduzir reuniões eficazes, gerando cada vez mais melhorias. Lembre-se de que o mais importante é manter o foco da reunião, o motivo primordial pelo qual ela foi estabelecida.

» COMO CALCULAR METAS DE VENDAS PARA VENDEDORES

Para começar, você precisa entender que meta é diferente de objetivo.

Objetivo é a vontade de fazer. Se você quer emagrecer, sabe que seu objetivo é a perda de peso. Porém, existem alguns fatores que o aproximam dessa conquista. Esses fatores são as metas.

Meta é aquilo que é necessário para alcançar seu objetivo, quantificado de maneira precisa dentro de um período bem definido.

Usando uma analogia simples, imagine que você esteja em determinada cidade A e queira viajar para a cidade B. Com o desejo de chegar à cidade B, você abre o GPS e escolhe a melhor rota para tal. Seu objetivo é chegar à cidade B. Sua meta é a rota para chegar lá.

A meta deve ser bem definida, porque o objetivo pode ser subjetivo. "Eu quero vender mais." Certo, é um excelente começo, mas quanto exatamente você acha que consegue vender em uma semana, em um mês ou em um trimestre?

Por isso é tão importante que a meta seja precisa. Sem uma diretriz bem definida de onde você está e para onde quer ir, fica difícil dar os primeiros passos.

Nada deixa um vendedor mais feliz e em paz do que bater sua meta. Você já reparou como seus vendedores ficam frustrados quando não conseguem fazê-lo? A questão é: Como definir uma meta coerente, porém desafiadora, de maneira que o vendedor busque sempre o seu melhor desempenho sem precisar se matar para alcançá-lo?

Primeiro, vamos entender bem o que é meta e objetivo, e quais são suas principais diferenças. Observe o diagrama a seguir:

Objetivo = vontade de fazer

Meta = objetivo definido em quantidade e prazo

EXEMPLO:

Objetivo: vender mais

Meta: fechar N vendas em X dias

Em que N é o número de vendas, e X é o número de dias, semanas, quinzenas etc.

A primeira etapa é compreender bem essa diferença entre meta e objetivo. Tendo feito isso, o próximo passo é entender como defini-la em quantidade e prazo, que são os dois elementos essenciais de toda meta.

Lembre-se das pessoas que vão participar desse processo de alcançar a meta com você: seus colaboradores. Para conseguir um melhor entrosamento da equipe, você deve se lembrar de duas coisas muito importantes:

- Definir se as metas serão individuais ou coletivas. Se a sua equipe tem muitos vendedores com perfis e tempo de experiência destoantes, procure definir metas individuais para não desmotivar os mais experientes ou desesperar os novatos. Assim, você possibilita que cada um se desenvolva proporcionalmente ao tempo de experiência;
- As metas precisam estar claras. Caso opte por atribuir uma meta à equipe toda, procure definir essa meta em uma reunião com os vendedores. Dessa forma, você reforça o senso de união. Se atribuir metas individuais a cada membro da equipe, certifique-se de que cada um tenha entendido bem o quanto deve fazer e em quanto tempo.

Resumidamente, existem oito requisitos para uma boa definição de meta:

1. Avaliação de mercado;
2. Planejamento estratégico e plano de vendas;
3. Metas individuais por área;
4. Metas individuais por vendedores;
5. Oportunidades geradas;
6. Sazonalidade;
7. Metas realistas e desafiadoras;
8. Margem de 20%.

Agora, vamos entender cada um deles.

1) Avaliação do mercado

Uma das primeiras coisas que você precisa fazer é estudar o mercado em que sua empresa está inserida. Estude as condições da economia e do setor em que se encontra, para saber o que pode ser feito. Sem o estudo prévio, fica difícil diferenciar o que é coerente daquilo que não é.

Esse estudo inicial é muito importante para a definição das metas, pois proporciona uma visão ampla do que está acontecendo no mercado. Assim, você consegue aproveitar melhor as vantagens que tem e desenvolve mais estratégias para suprir as desvantagens.

> Conhecer as forças e fraquezas do concorrente é tão necessário quanto conhecer as suas.

É importante salientar também que as metas não devem ser pensadas somente pela situação do mercado. Você precisa se ater aos recursos que tem para sair na frente da concorrência. Se não encontrar nenhum logo de cara, procure definir uma meta que seja eficaz para desafiar sua equipe a sempre ir além;

2) Planejamento estratégico e plano de vendas

A maneira ideal de definir as metas de vendas para vendedores é alinhar os objetivos do departamento comercial com o planejamento estratégico de metas determinado pela empresa. É muito importante que você tenha uma boa comunicação interna entre os departamentos para conseguir unificar a empresa e alcançar seus objetivos.

Seguem alguns exemplos que justificam essa importância:

- A conversão de leads exige metas focadas no marketing;
- O aumento do market share exige metas de vendas mais agressivas;
- A diminuição de objeções exige metas definidas separadamente para contornar cada caso;
- A retenção e fidelização dos clientes exige metas que priorizem o pós-venda e o *customer success*.

Em geral, procure sempre reforçar o relacionamento entre os departamentos da sua empresa para que os objetivos estejam bem alinhados e falhas de comunicação sejam evitadas;

3) Metas individuais por área

O planejamento estratégico deve ser o guia para a definição de metas individuais, de maneira que essas metas atuem como caminho para alcançar uma meta geral. Para que isso ocorra, elas devem estar alinhadas com os objetivos da empresa.

Assim, você evita que as ações de cada vendedor estejam desalinhadas com o que foi proposto no plano de vendas e reúne os esforços individuais para atender aos objetivos coletivos.

Cada departamento da empresa tem suas metas, mas todas devem estar em sincronia com o objetivo geral. Do contrário, você terá uma empresa em que cada departamento colabora para um objetivo diferente, desperdiçando energia e recursos. Mais um motivo para reforçar a comunicação interna;

4) Metas individuais por vendedores

Além de definir as metas de cada departamento, você deve definir as metas de cada vendedor, de acordo com sua capacidade e seu tempo de experiência. Nada deixa um vendedor mais desmotivado do que uma meta fácil de bater.

O contrário também se aplica: nada deixa um vendedor mais desmotivado do que uma meta que ele tem a sensação de que nunca vai alcançar. Logo, você não pode se esquecer de que o desafio deve ser proporcional à experiência individual.

> Seu foco deve ser conseguir o melhor desempenho da equipe, mas isso não significa que a equipe inteira terá o mesmo desempenho.

Assim como as metas, os bônus e as premiações por desempenho também devem ser diferentes. Pode soar redundante, mas é comum que gestores cometam esse erro grave. Oferecer retribuições maiores para os vendedores que vendem mais não só é uma atitude justa como funciona para motivar os mais novatos a dar o melhor de si;

5) Oportunidades geradas

Assim como as metas devem ser proporcionais à experiência de cada vendedor, elas também devem ser proporcionais às oportunidades que cada um recebe.

Em alguns contextos, fica difícil contabilizar esses fatores. É o que acontece no varejo, por exemplo: você pode até obter uma média da quantidade de oportunidades que cada setor da sua loja recebe, mas fica difícil saber ao certo quantos clientes cada vendedor atende por dia.

Se você verificar que sua equipe não está recebendo boas oportunidades para converter os clientes, é hora de investir em metas voltadas à atração de prospects, que são aqueles consumidores que demonstraram interesse na sua marca, mas ainda não adquiriram nenhum produto ou serviço. Neste caso, o mesmo princípio se aplica: não defina metas altas para um vendedor que está recebendo poucas oportunidades;

6) Sazonalidade

Este, junto com a quantidade, é um dos principais fatores para a definição de metas consistentes. A sazonalidade é o período selecionado para que a quantidade seja atendida.

Procure estabelecer períodos correspondentes aos ciclos de atividade da sua empresa. Por exemplo, se você renova o estoque, em média, a cada 45 dias, defina a sazonalidade das metas em quinzenas. Dessa forma, fica mais fácil para seus vendedores focarem unidades mais praticáveis, como três quinzenas ou seis semanas.

Uma meta muito ambiciosa com período muito longo abre margem para erros. O ideal ao metrificar seus objetivos é conseguir trazer grandes realizações, que são conquistadas com muito tempo e esforço, para um âmbito presente e alcançável.

Outro fator importante a ser considerado aqui é a sazonalidade do mercado. Pegar o número total de vendas objetivado anualmente e dividir por 12 meses pode não ser uma estratégia eficaz, pois a quantidade de vendas varia ao longo do ano. O exemplo mais comum desse fenômeno são as datas festivas, como Natal, Dia das Mães, Dia dos Namorados etc.

Use o sistema CRM (sistema de gestão de relacionamento com o cliente) ou alguma outra ferramenta de gestão para definir metas de acordo com essas variações. Dessa forma, você usará a sazonalidade a seu favor, não contra você;

> As metas devem ser definidas em função do potencial da empresa e das condições do mercado, que variam ao longo do ano.

7) Metas realistas e desafiadoras

Existem duas coisas que você jamais pode fazer ao definir metas para você mesmo, para alguém ou para uma equipe: a primeira é estabelecer uma meta muito acima do alcançável e a outra é estabelecer uma meta muito abaixo do possível.

Se a meta estiver muito acima do desempenho do colaborador, é bastante provável que ele encontre frustração ao perceber que, depois de muito esforço e dedicação, nem sequer chegou perto. Não existe nada pior do que estabelecer um objetivo que não conseguimos alcançar.

Por isso, tenha sempre em mente o desempenho do vendedor, assim como as condições sazonais. Do contrário, você estabelecerá uma meta que simplesmente não é real.

Assim como você não deve definir uma meta inalcançável, também não é interessante definir uma meta fácil demais, pois, além de desmotivação, esse objetivo não desafiante tende a acomodar o colaborador.

Seu foco deve ser sempre obter o melhor desempenho possível da sua equipe, e isso vai variar de acordo com uma série de fatores, como:

- O perfil de cada vendedor;
- Se a meta será individual ou coletiva;
- O período do ano em que sua equipe se encontra;

- As necessidades da empresa;
- A oferta de clientes;
- As condições do mercado.

Após considerar todos esses fatores, defina uma meta que seja coerente e atingível. Geralmente, uma quantidade ligeiramente acima da meta do período correspondente anterior já é suficiente.

Exemplo, se no Natal passado o vendedor X fechou 25 vendas e o mesmo período do ano está se aproximando, uma meta razoável pode ser de 30 vendas, caso nenhuma condição tenha se demonstrado adversa. Nesse caso, você estará apostando que o vendedor X aprendeu muito no período de um ano e consegue alcançar essa nova meta, mais desafiante, sem muita dor de cabeça.

A finalidade das metas é elevar o potencial de cada um, evitando estagnação e estimulando o autodesenvolvimento. Assim, tanto sua equipe estará cada vez mais capacitada quanto seus colaboradores ficarão cada vez mais satisfeitos em trabalhar com você;

8) Margem de 20%

A última orientação que vou dar-lhe é usar a Regra da Margem dos 20%. Levando em consideração a orientação anterior, em caso de dúvida, você pode aplicar uma margem de segurança.

Essa margem equivale a cerca de 20% a mais do que a meta anterior. Dessa forma, você tem um critério mais preciso para definir a nova meta a ser alcançada. Se achar que está muito acima do alcançável, opte por algo entre 10% e 15%. Se achar que está muito abaixo, defina a nova meta como algo em torno de 25% ou 30% acima da meta anterior.

A Margem dos 20% costuma funcionar bem na maioria dos casos, por ser um valor proporcional ao desempenho, raramente fugindo muito da realidade. Usando essa margem, você garante que a meta esteja dentro dos padrões coerentes.

Lembre-se de que o mais importante na hora de definir a meta é ser razoável: nada de ir muito além do alcançável nem de ficar muito abaixo. Lembre-se também de definir as metas de acordo com o desempenho de cada um (no caso de serem individuais) ou de acordo com o desempenho da equipe (no caso de serem coletivas). Por último, não se esqueça de considerar os fatores externos, como as condições do mercado, a sazonalidade e a oferta de clientes.

Alguns parâmetros para definir metas que ajudam muito:

- Quanto o mercado está pretendendo vender para o próximo ano?
- Quanto o seu segmento cresceu no ano passado?
- Qual é a sua fatia no mercado? Quanto você participou de tudo que vende?
- Quanto você vendeu no mês passado?
- Quanto você vendeu no mesmo período do mês passado?
- Quanto seu concorrente está vendendo?
- Quanto você consegue produzir?

Depois de desenhar essa meta, todo mundo se pergunta: E agora, como batê-la?

Meu amigo e excelente palestrante André Silva tem uma lista muito interessante e prática para conseguir alcançar essa meta:

1. Determine 30% a mais da meta que você pretende vender. É importante trabalhar com uma margem de segurança;
2. Tenha, paralelamente com a de vendas, uma meta pessoal. Isso vai ajudar na motivação diária;

3. Revise, no fim de cada dia, os resultados alcançados e trace novas estratégias de vendas para o próximo dia;
4. Solicite novas indicações para os clientes atuais. Esta estratégia é poderosa e funciona;
5. Prospecte clientes novos diariamente. Isso vai abrir um leque de possibilidades e alternativas de vendas;
6. A cada venda realizada, celebre, vibre e sinta a felicidade de mais uma conquista;
7. Divida a meta com alguém da sua confiança, um familiar ou amigo. Será uma pessoa a mais ajudando-o a chegar ao objetivo proposto;
8. Planeje seu dia focando sempre as prioridades e persevere até atingir a meta;
9. Se os resultados não estiverem aparecendo, pare por cinco minutos e depois volte ao trabalho. Esta técnica é fantástica e funciona;
10. Determine metas de visitas, ligações, prospecções e outros indicadores que façam você atingir a meta diária.

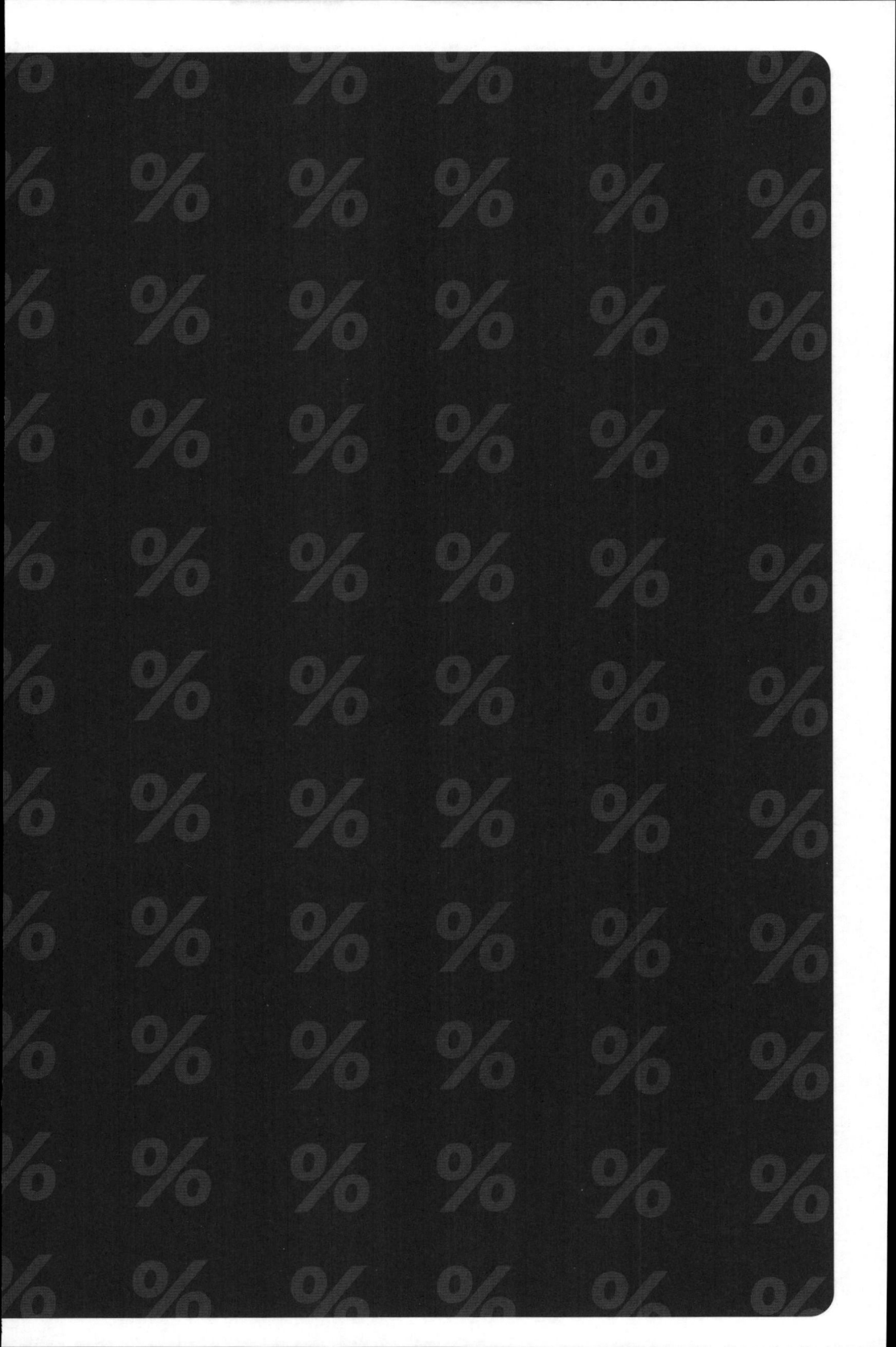

11
PADRÃO DE COMPORTAMENTO DO GESTOR

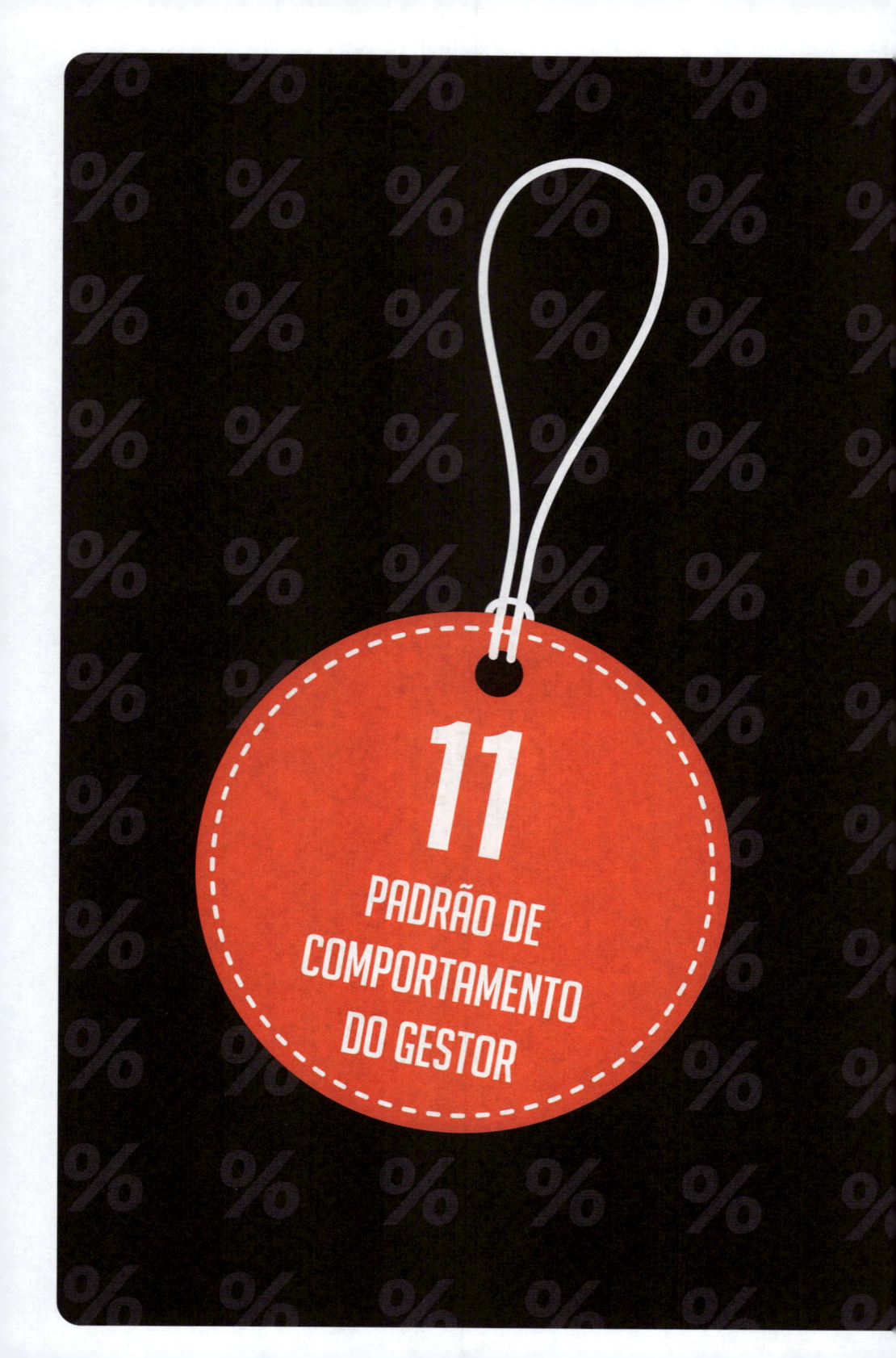

Mais devastador do que um vendedor que desgasta o grupo é um gerente que desgasta a equipe. É muito comum vermos o perfil "agressivo" quando falamos de vendas, vendedores e gestores comerciais. Isso acontece pela própria característica da profissão de vendedor, a obrigação de ter que ir "para cima" e de "matar um leão por dia". Assim, a característica do profissional de vendas e, como consequência, a do gestor é a de uma pessoa de atitudes agressivas.

Mas agora estou falando do gestor ou mesmo do vendedor "xerifão": essas pessoas (infelizmente) estão em grande número nesses cargos e, geralmente, são as mais difíceis de mudar. São aquelas que gritam a toda hora, que fazem críticas severas para um funcionário na frente dos outros, só para mostrar "quem manda". Enfim, aquelas para quem nunca nada está bom.

Essa atitude do gestor cria, além de sentimentos de raiva e vingança, um distanciamento de seus colaboradores. Os vendedores tendem a fazer "panelas" e não levam mais informações para dentro da empresa. Se existe um problema ou uma oportunidade em uma negociação, eles provavelmente tentarão resolver sozinhos, pois têm medo de falar com seu comandante. Isso é um desastre para a empresa, que acaba perdendo uma de suas principais fontes de informações.

Ainda existem muitos desses profissionais no mercado, pois, geralmente, eles trazem bons resultados, porém, quase sempre arrebentam com as relações dentro da empresa e desgastam o dia a dia dos funcionários. Na psicologia, essas características definem o ser humano como não assertivo/agressivo.

Abaixo, estão algumas atitudes comuns aos gestores/vendedores não assertivos/agressivos:

- Expressam sentimentos de forma inapropriada (são agressivos, ofendem);
- Atingem os objetivos, na maioria das vezes, prejudicando a relação;
- Perseveram sem avaliar as consequências;
- Defendem os próprios direitos, geralmente desrespeitando os direitos alheios;
- Valorizam-se ferindo aos outros;
- Fazem escolhas para si e para os outros.

Frases como "quando eu era vendedor, batia a meta todos os meses", "vocês não conseguem nem chegar perto da meta" ou "até hoje não existiu um vendedor igual a mim nesta empresa, por isso eu sou o gerente!" são típicas de gerentes não assertivos/agressivos.

Muitas vezes, esse tipo de comportamento faz com que o relacionamento gerente X vendedor vire uma disputa, uma verdadeira guerra, pois, se um vendedor começa a se destacar, o gerente pega "birra" dele, afinal, ele está obtendo resultados melhores do que o gestor quando era vendedor. Isso ocorreu em uma das empresas em que trabalhei.

A atitude necessária para um gestor de vendas campeão, um líder, é a atitude assertiva.

Lembrando que uma das principais características da pessoa assertiva é expressar sua opinião sem tirar o direito de expressão do outro. É claro que é você quem toma as decisões, afinal, você é o responsável pelos resultados, mas escutar o outro é um ato de justiça percebido pelo vendedor, e não há nada mais desmotivador do que o sentimento de injustiça! Vamos ver algumas características do gestor/vendedor assertivo (o gestor campeão):

- Manifestar opinião (respeitando ao próximo);
- Concordar;
- Discordar;
- Fazer, aceitar e recusar pedidos;
- Desculpar-se;
- Admitir falhas;
- Interagir com autoridade;
- Encerrar relacionamento (saber dizer não);
- Pedir mudança de comportamento;
- Lidar com crítica;
- Dar feedback.

O feedback mostra ao vendedor que você, gestor, percebe as suas atitudes e que está avaliando isso. É importante para qualquer liderado perceber que seu líder se importa com ele. Além disso, como dissemos em páginas anteriores, não existem resultados se não houver controle.

Durante o feedback, o gestor deve levantar pontos positivos e negativos do comportamento ou dos resultados de cada vendedor e deixar claro como você gostaria que ele se comportasse a partir dessa conversa.

Um exemplo de retorno que gera resultado é o feedback sanduíche. Vamos a um exemplo dele:

> Carlos, gostei muito da sua participação hoje na reunião. Você colocou seus pontos de vista de forma clara, objetiva e com muita propriedade, e é isso que eu espero dos meus colaboradores. Mas acho que você acabou oprimindo os outros vendedores, pois, quando tinham uma opinião diferente da sua, você respondia de forma um pouco agressiva e os outros participantes acabavam não falando tanto sobre o que pensavam. Da próxima vez, tente ser um pouco mais paciente e ouça mais os seus colegas, mas não deixe de continuar expressando suas ideias, elas foram ótimas e ajudaram muito a mim e aos outros vendedores, parabéns.

A atitude de pensar na gestão horizontal é extremamente importante e a defendo em muitos casos durante este livro, porém devemos saber que a maioria das pessoas não está preparada para ser gerenciada dessa maneira. A verticalização da gestão ainda é a forma mais usada. A cultura da população em geral (inclui-se fortemente a brasileira) é de receber ordens, de ter uma hierarquia para respeitar e esperar ordens desse superior, ouvir instruções sobre o que fazer. Digo isso, pois, além de ter o relato de muitos amigos gestores, pude sentir na pele como é difícil dar "liberdade" aos funcionários em geral e, especialmente, aos vendedores.

Para que o vendedor produza mais e melhor, o gestor tem o desafio de dosar a medida certa de cobrar (ordenar) e liberar (permissão).

Portanto, comece com pequenas coisas, como um brinde, um prazo diferenciado no pagamento, uma bonificação. Essa liberdade fará com que o relacionamento gerente/funcionário fique mais próximo.

» CASO

Em uma empresa X, do ramo de eventos de formatura, os vendedores sempre tinham o mesmo problema quando iam negociar com as turmas das faculdades. Essas turmas pediam um patrocínio (em dinheiro) para executar os famosos churrascos universitários. Só que, antes de fazer essa concessão, os vendedores tinham que solicitar ao departamento de marketing a verba para os eventos, um processo que muitas vezes demorava dias, incompatível com a necessidade do vendedor, que precisava de uma resposta imediata para fechar a venda. Quando assumi o departamento de marketing, estabeleci junto com os diretores uma cota semestral para cada vendedor, de acordo com a meta de cada um. O que tinha a meta maior recebia uma porcentagem maior; o de meta menor, uma porcentagem mais adequada a suas vendas.

Foi um grande sucesso. Os vendedores tinham mais uma "carta na manga". Caso fosse pedido o patrocínio, ele perguntava: "Se eu der o patrocínio, vocês fecham comigo?" Muitas vezes, a resposta era sim. E, se não fosse pedido, ele poderia fazer a oferta como um bônus para o fechamento.

Uma das coisas que os clientes mais detestam nos vendedores é o fato de eles não terem quase nenhuma liberdade de tomar decisões. E o vendedor também odeia isso, pois perde muitas vendas por esse motivo!

Quanto mais livres, mais felizes as pessoas são. Mas a maioria das pessoas não sabe o que fazer com a liberdade. Para libertar, é necessário que elas estejam muito bem preparadas e comprometidas com você, gestor, e com a empresa. Por isso, todos esses passos anteriores foram passados com o intuito de preparar o vendedor para que ele seja o mais livre possível.

> " É preciso fazer com que as pessoas se sintam livres para agir, caso contrário, se tornarão dependentes. Elas não precisam de ordens, mas de permissão."
>
> John R. Opel (ex-presidente da IBM)

⚠️ **IMPORTANTE**

É importante que os funcionários se sintam como "donos" da empresa, mas não podemos nos esquecer de que aquelas fotos de funcionários do Google deitados em redes e trabalhando em casa estão bem distantes do que a maioria da população mundial está preparada para realizar. O gerente ainda é o norte para os vendedores.

» O GESTOR COMO EXEMPLO

Assim como nas técnicas de vendas, o gestor deve falar a mesma "linguagem" com seus clientes, no caso, os vendedores.

Se deseja que seu vendedor seja uma pessoa entusiasmada, com energia, focada e que cumpra os objetivos, você deve ser esse "espelho" para ele. O gestor tem que ter a vontade expressa nos olhos, tem que ter uma energia que passe a seus liderados a confiança de que estão na empresa certa, com as pessoas certas. Passar a certeza de que seus produtos/serviços são realmente os melhores.

Você não pode exigir ao seu vendedor que ele fique até mais tarde na loja ou faça uma visita a um cliente depois do expediente se nunca fez isso como gerente.

Como exigir que o vendedor mande os relatórios se você nunca os lê? Ou pedir para que ele seja mais organizado e cumpra com seus deveres dentro do tempo correto, se você nunca sabe onde está a sua agenda?

Vendedores, em geral, não gostam de prospectar novos clientes e preferem continuar a vender somente para aqueles que já possuem em sua carteira. Tome a iniciativa e prospecte alguns. Não faça o trabalho para o vendedor, mas levante alguns nomes e repasse uma porcentagem menor nessa primeira venda. Ele com certeza vai topar, e o resultado será ótimo para todos: o vendedor vai ganhar alguns novos clientes para a carteira, você vai ganhar algum dinheiro e novos clientes farão parte da sua empresa.

> Vendedores são muito diretos, práticos e não gostam de enrolação. Precisam ver e sentir para acreditar. Bata no peito e assuma algumas "buchas". Isso mostrará que você não "foge da briga" e está com eles.

❱❱ CLIENTES INATIVOS — COMO RECUPERÁ-LOS?

O mercado nunca esteve tão fatiado. Existem dezenas de empresas para cada segmento. O Valor por Cliente (VPC) está ficando cada vez mais caro. Perder clientes para concorrentes é algo que acontece com frequência, um evento corriqueiro nas empresas, e só pode ser considerado um problema dependendo da quantidade de clientes que migraram ou dos motivos que os levaram a abandonar sua empresa. Inúmeras vezes alguém que já comprou da sua empresa não compra mais por problemas de comunicação ou, até mesmo, sem saber ao certo o próprio motivo. Nesses casos (que, acreditem, são a maioria), perdemos o cliente e quase nunca ele volta; afinal, se não sabemos por que ele saiu, como faremos com que volte?

Quase sempre o motivo do cliente se tornar "inativo" é culpa da empresa, porém, em determinadas situações, o cliente pode trocar de fornecedor apenas por conta de um preço menor. Neste caso, é necessário avaliar se a concorrente vende com um preço abaixo do praticado pelo mercado simplesmente por ter um produto de qualidade inferior ou se está precificando seu produto de maneira errada. Se o motivo for um erro, não adianta fazer "mágica", se desesperar e baixar o preço, pois isso vai prejudicar a sua empresa. Esse cliente provavelmente voltará. A concorrente não aguentará trabalhar com margens tão baixas durante muito tempo.

O que devemos entender muito bem é que esse cliente está inativo para você, para a sua empresa. Se ele não quebrou, ele está comprando de alguém, certo?

> "Começando do começo."

É preciso levantar a informação de quantos são os clientes inativos e dividi-los por tempo de inatividade e lucratividade.

» TRAZER TODOS DE VOLTA? TALVEZ NÃO!

Aqui está uma pergunta que devemos avaliar com muita atenção e, provavelmente, com o pessoal do financeiro e do marketing juntos. Se eu resolvo fazer uma campanha para trazer todos os clientes inativos de volta, de que maneira farei isso?

Cada cliente é único. Cada um tem suas particularidades e sua lucratividade aos olhos (e ao bolso) da empresa.

Existem softwares que facilitam esse seu trabalho, mas se você não possui um, o controle pode ser feito "no braço".

Esse documento terá que levar em consideração o tempo de recompra. Exemplo: no ramo de papelaria/informática, alguns produtos são comprados quinzenalmente, podendo estender esse prazo para um mês. Portanto, uma ausência maior do que 40 dias pode significar um cliente inativo.

No mesmo ramo, alguns produtos são vendidos por temporada, a cada três ou quatro meses. Portanto, um período de cinco a seis meses é considerado uma inatividade. Se um cliente não renovou o seguro do carro ou uma assinatura de revista ao final de um ano, pode ser considerado "inativo" já no primeiro dia após o vencimento. Esse cliente da revista, devido à sua lucratividade, provavelmente deverá receber uma carta ou uma ligação para saber o motivo de sua inatividade.

Agora, se você tem um cliente que compra R$200.000,00 a cada três meses que, de uma hora para outra, ficou inativo, o mínimo que você pode fazer é ir até seu escritório, viajar com seu diretor comercial ou financeiro (se o caso for de acertar valores) ou, até mesmo, viajar com esse cliente para algum lugar e definir com ele quais serão as atitudes que a empresa tomará em relação ao motivo de sua "inatividade".

Isso tudo, claro, se ele for rentável (não só financeiramente) o suficiente para a empresa. E o que é ser rentável?

Muitas vezes temos clientes que são "infelizes por natureza". Se você "der o mundo" para eles, ainda estará faltando algo. Quando disse sentar com o financeiro e com o marketing, é para decidir nesse momento, porque muitas vezes o cliente não é rentável financeiramente em comparação com outros clientes, mas, estrategicamente, é importante, seja porque compra o *mix* da empresa, porque possui um *share* de mercado grande e a sua empresa não pode abrir espaço para a concorrência ou porque ele compra em grande quantidade, o que permite uma economia de escala que possibilita repassar o valor do desconto para os outros clientes também. Enfim, decisões terão que ser tomadas em grupo.

Portanto, analise bem os números e as estratégias da sua empresa. Às vezes, é melhor não ter um cliente se ele só estiver desgastando a sua empresa e a sua equipe.

Você já deve ter visto empresas que aumentam o valor de seus produtos ou diminuem o prazo da fatura para "selecionar" os seus clientes.

» POR QUE OS CLIENTES FICAM INATIVOS?

Esse tempo de inatividade pode ocorrer porque o cliente, muitas vezes, acaba não dizendo o real motivo pelo qual não voltou a comprar de você. Ele pode dizer que não vendeu o que comprou na última visita do vendedor ou pode dizer que vendeu, mas não está tendo procura daquele produto. O cliente (quase) nunca para de comprar de uma hora para a outra; ele vai diminuindo os pedidos ou a quantidade dos produtos/serviços. Quase sempre, os motivos são de responsabilidade da própria empresa ou do vendedor, que pode tê-lo deixado de lado.

Na maioria das situações, esse assunto é deixado na responsabilidade do vendedor. Mas quando isso é feito, na hora em que menos se espera, um contato importante virou um ex-cliente. O gerenciamento da informação é de responsabilidade do gestor; entrar em contato e/ou ir até a loja ou a fábrica pode ser feito pelo vendedor, mas as diretrizes e as ações devem ser definidas pelo gestor, pois fazem parte da estratégia da empresa. Por isso, o relatório de vendas pode ser o principal aliado contra clientes "inativos".

›› COMO FAZER PARA QUE O SEU CLIENTE NÃO SE TORNE UM "INATIVO"

OUVIR O CLIENTE! Tratarei este assunto novamente na parte dos vendedores, porque ele é um dos protagonistas dos passos da venda, mas aqui ele é a principal ferramenta para não se perder o cliente.

As empresas estão mais focadas nos consumidores dos concorrentes do que nos seus!

Crie canais de comunicação com os seus clientes, de preferência multicanais. Muitas vezes, o vendedor fica de passar um dia no cliente e não aparece, esse mesmo cliente precisa comprar e não tem acesso a ninguém nem mesmo sabe como reclamar. Crie um 0800, um serviço de Skype, enfim, crie canais de comunicação por meio dos quais seu cliente possa entrar em contato com a sua empresa a qualquer momento. Mas, por favor, responda à solicitação do seu cliente! Criar um canal ou multicanais de comunicação pode ser um diferencial para a sua empresa, mas, se você não os responde, pode se tornar a melhor máquina de venda do seu concorrente!

Crie canais de vendas, mas vá atrás deles. Dificilmente alguém "abre o jogo" e diz sinceramente por que deixou de comprar de você. Nessa hora, uma ligação do gerente pode ser a "chave" que abrirá esse arquivo cheio de informações. Se o cliente sentir que está falando com alguém que possa resolver realmente o seu problema, ele se interessará, afinal, quem não gosta de ter uma oportunidade de sair ganhando?

» PÓS-VENDA COMO FERRAMENTA CONTRA A "INATIVIDADE"

> O preço chama, mas o que fideliza é o atendimento.

Hoje, com a facilidade que a internet nos proporciona de encontrar o que queremos a uma velocidade alucinante, é possível saber qual é o fornecedor do concorrente e qual é a política que ele adota para obter um melhor preço.

Dificilmente alguém consegue manter uma diferenciação de preço por muito tempo. Se você já leu o livro *A Estratégia do Oceano Azul*, vai entender quais são as estratégias que empresas de destaque utilizam para se diferenciar dos concorrentes. Grande parte delas está envolvida em uma filosofia de "pós-venda" agressiva.

Como dizem alguns especialistas, o pós-vendas é a pré-venda, já que você prepara o seu cliente para a próxima compra. Este tipo de visão do pós-venda faz com que a empresa veja esse momento com os mesmos olhos de uma venda.

Neste trecho, quero mostrar o uso do pós-venda para que o seu cliente não vire um "inativo". Um pós-venda bem elaborado e colocado em prática faz com que você levante informações que frequentemente são os verdadeiros motivos de "abandono" dos clientes. Com o pós-venda, você sabe se o seu vendedor atendeu de forma satisfatória o seu cliente e pode criar o Índice de Satisfação do Cliente (ISC). A Toyota, por exemplo, possui um controle extremamente rigoroso em relação à satisfação de seus consumidores, exigindo um retorno positivo de quase 100% dos clientes em suas concessionárias. Esse levantamento é realizado por meio de uma lista de perguntas, que são feitas por uma pessoa ou departamento responsável por ligar para os clientes depois de adquirirem um automóvel novo ou de realizarem algum tipo de serviço.

Se você decidir fazer esse mesmo serviço e houver algum item a ser melhorado, algo que o cliente exigiu, por favor, dê um retorno a ele sobre o resultado do que foi reclamado!

Se você dá a oportunidade a um cliente de ajudá-lo orientando a sua empresa a melhorar e você não retorna essa solicitação, ele vai imaginar:

Esta empresa leu minha solicitação e nem me retornou? Eles não estão nem aí para o que eu penso? Nunca mais vou comprar nesse lugar!

Se eu fosse colocar os exemplos das empresas com as quais eu entrei em contato para comprar algo ou para reclamar de algum produto/serviço que eu adquiri e não fui respondido, conseguiria escrever outro livro somente com isso. (Bem pensado... Vou escrever sobre isso! Aguardem!)

Alguns lugares possuem esse serviço, mas, se tem algo que o cliente não gostou, eles anotam no seu questionário e nunca mais retornam. Se eu sou esse cliente, eu nunca saberei se aquele serviço ou produto melhorou. Será que eu terei que ir até lá pagar para ver? Dificilmente o farei.

Abaixo, vão dicas muito práticas e úteis para realizar um serviço de pós-venda que realmente funciona:

- Logo após o fechamento, deixe os números e os meios de contato muito claros para o cliente, caso ele tenha algum problema ou dúvida;
- Se estiver em uma loja, acompanhe-o até o caixa para pagar e, depois, até a saída da loja. Não deixe seu cliente no meio do "salão";

- Depois da data de entrega do produto, entre em contato para saber se ele recebeu tudo como combinado no contrato e se ele tem alguma dúvida em relação ao uso do produto;
- Seja um "solucionador de problemas". Resolva qualquer problema que ele possa ter com o produto ou serviço imediatamente. Se não for possível, dê uma data e, por favor, cumpra essa data;
- Ajude seu cliente a vender. Seja uma referência para ele. Procure ler matérias e assuntos relacionados à venda dos produtos do seu cliente e leve para ele. Sempre que faço a venda, envio e-mail com técnicas de vendas e, principalmente, pós-venda para meus clientes. Monto dicas específicas para cada segmento;
- Muita calma nessa hora! Se o cliente entrar em contato muito bravo, escute-o e deixe-o desabafar. Quase sempre o problema é bem mais simples do que ele pintou. Procure saber o que o cliente está pensando e como ele quer que o problema dele seja resolvido;
- Se estiver em uma loja ou local público, leve-o para algum lugar reservado, de preferência onde ele possa se sentar. Um cliente gritando no meio da sua loja não é nada positivo;
- Separe a pessoa do problema: muitas vezes, o cliente vai agredi-lo verbalmente, com calúnias, exageros e generalizações que só agravam a situação. Tenha a habilidade de separar a pessoa do problema. O cliente não está bravo com você, ele está bravo com a situação, com o problema;
- Anote qualquer reclamação. Não deixe nenhuma informação passar. Anote tudo o que for possível. Poucas coisas são tão irritantes quanto você falar e perceber que a pessoa não prestou atenção a uma palavra que você disse. Depois

disso, repasse tudo com ele para saber se é esse mesmo o problema;

- Muitas vezes o cliente liga tão bravo que acaba não passando o motivo real de seu aborrecimento. É função do vendedor saber exatamente qual é o problema. Faça isso com perguntas, e elas mostrarão ao cliente que você está interessado em resolver o problema dele;

- O cliente nunca está completamente errado, mas nem sempre ele tem razão: tome cuidado com as reais necessidades do cliente. É preciso saber lidar com paciência e sabedoria quando um cliente entra em contato reclamando de algo. Nunca confronte um cliente. Muitas vezes, uma informação errada ou uma ação do concorrente fez com que ele se revoltasse. Mais uma vez, levante o máximo de informação possível antes de começar a resolver problema;

- Tenha realmente uma filosofia de excelência em pós-venda! Todos da empresa são responsáveis, direta ou indiretamente, pelo pós-venda. Espalhe cartazes, mande e-mail, faça campanhas, tenha pesquisas e métricas bem definidas para avaliar se o seu pós-venda está sendo eficaz e eficiente. Faça um questionário-padrão e, se possível, entre em contato com todos os seus clientes. Tabule essas informações e passe a todos os responsáveis para saber onde vocês estão, para onde querem ir, quanto falta e, principalmente, o caminho para atingir seu objetivo;

- Você ficará surpreso com a qualidade e quantidade de recompra que esses clientes irão lhe proporcionar. Fora isso, a empresa e os vendedores precisam de indicações. Você indicaria um vendedor que lhe faz uma venda e depois vira as costas?

- Mande cartão de aniversário. Por mais antigo que isso possa parecer, acredite, poucas empresas o fazem, e isso se torna um grande diferencial;
- Depois de um negócio fechado, dependendo do valor da venda, é claro, mande uma lembrança. Pode ser um chaveiro, agendas, cadernos, cesta de café da manhã, um relógio etc.;
- Mande presentes à secretária também. Ela pode trazer muitas vendas para você. Depois de uma venda feita, mande um cartão com uma lembrança, agradecendo pela atenção e paciência;
- **Dica:** se sua empresa puder, deixe o vendedor de fora disso! Contrate alguém para essa atividade ou crie um departamento apenas para essa função. Além de sobrar mais tempo para o vendedor vender, se por acaso ocorrer algum problema com o serviço ou o produto, esse responsável entrará em contato com o vendedor e ele aparecerá como um "salvador da pátria", criando um ótimo ambiente para a próxima venda. Deixe o desgaste de um possível problema (promoção do produto dois dias depois de o cliente comprar, uma demora na entrega, produto errado, quantidade errada, devolução de cheque etc.) para uma pessoa à parte, que não esteja envolvida diretamente com o cliente.

Monitorar a satisfação do seu cliente é com certeza a melhor maneira de aumentar a lucratividade, afinal, vender mais para quem já o conhece, já sabe como é comprar de você, já está com as portas abertas para o seu produto ou serviço é muito mais barato do que conquistar um novo cliente.

Muitas empresas não fazem pesquisa porque têm MEDO do que vão escutar. Lembre-se sempre desta frase:

"Melhor ficar vermelho de vergonha agora do que roxo de raiva depois de ter perdido o cliente."

Pesquisas em geral são falhas e chatas de responder, e o pior de tudo, quanto mais informações, menos as empresas fazem. Elas acabam com muitas informações e não fazem nada.

Quem nunca recebeu um e-mail ou uma ligação de pós-venda de uma empresa, fazendo um monte de pergunta, e você reclamou, fez várias observações a serem melhoradas, e ninguém lhe retornou para falar o que foi feito com aquilo que você reclamou?

Por isso, meu amigo, pesquisa tem que ser curta e de resultado. Frederick Reichheld, hoje o maior especialista em lealdade de clientes do mundo e autor de vários livros, escreveu um muito especial: *A Pergunta Definitiva*. Nele, acabou concluindo que as empresas não precisam fazer estudos quilométricos sobre satisfação dos clientes; pelo contrário, a lealdade dos clientes pode ser medida de maneira muito mais simples, fazendo apenas uma única pergunta, que dá justamente o título ao livro: "Você nos recomendaria a um amigo?"

Reichheld separa os clientes em três tipos, em uma escala de 0 a 10, sendo 0 sendo "definitivamente não", e 10, "definitivamente sim".

- **0 A 6 – DETRATORES:** estes clientes provavelmente não gostam nem um pouco da sua empresa. Tiveram uma experiência ruim e adoram falar mal da sua empresa. Você precisa saber disso urgentemente e reverter essa situação;
- **DE 6 A 8 – NEUTROS:** estes clientes, como o próprio nome diz, são insensíveis à sua marca e a você. Eles gostam, mas faltou algo para você e/ou sua empresa se diferenciar. A eles, você precisa perguntar: "O que faltou para você nos dar um 10" ou "No que podemos melhorar para que você nos dê um 10?";

- **DE 8 A 10 – PROMOTORES:** estes caras são "fãs" da sua empresa. Eles adoram comentar sobre você e sua empresa. Para eles, você tem que pedir um depoimento, um testemunho e, claro, uma indicação!

Percebam que essa metodologia de uma pergunta somente consegue nos dizer o que o cliente pensa e sente sobre o nosso atendimento, sobre o nosso produto/serviço e sobre a nossa empresa!

Agora... mãos à obra!

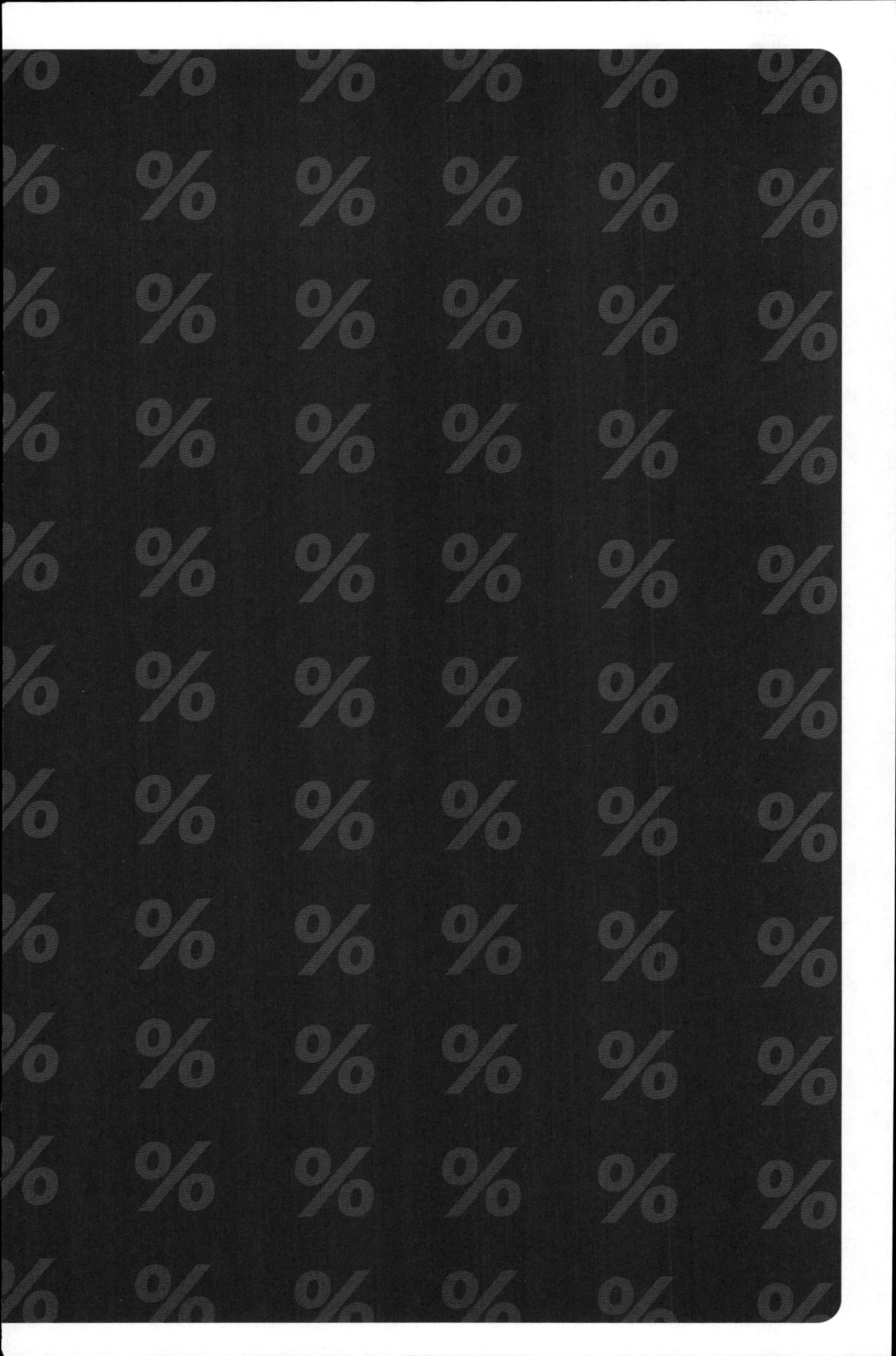

12
O VENDEDOR

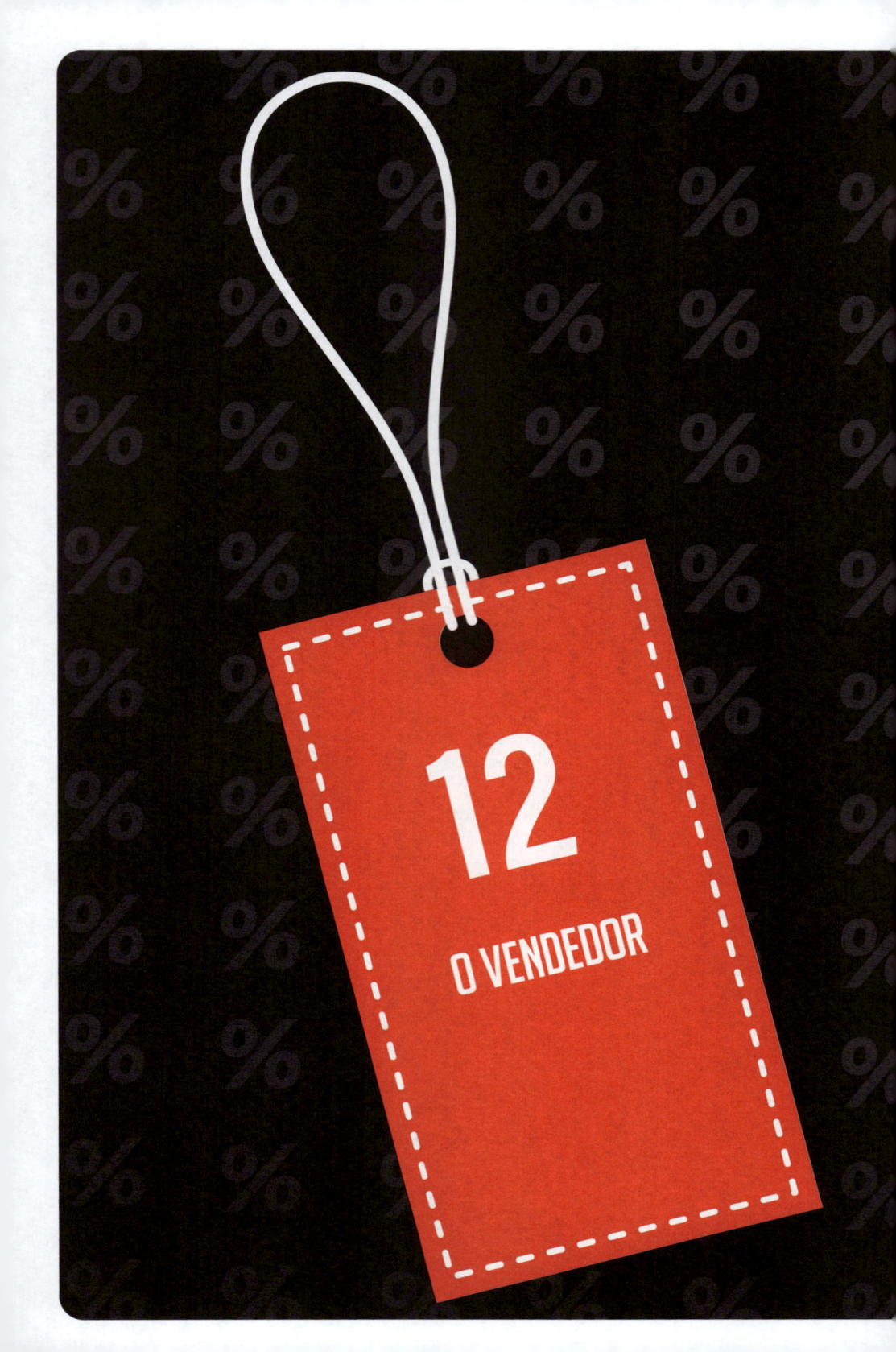

O vendedor campeão é uma fonte de energia automotivadora. Ele vai mais longe depois de estar cansado!

Na literatura mundial, existem milhares de livros sobre liderança. Muitas pessoas discutem se o indivíduo nasce com ela ou se é possível desenvolvê-la. Não vou entrar nesse assunto, pois existem livros especializados que tratam desse tema com muito mais propriedade do que eu.

Os campeões em vendas possuem um tipo de liderança diferente: a liderança intrapessoal. Esse tipo de liderança é indispensável para quem busca resultados acima da média. A habilidade de liderar a si mesmo, e principalmente gerir as mudanças, é uma característica de poucas pessoas e, coincidentemente, as de sucesso!

O comodismo, por sua vez, é uma característica comum à maioria das pessoas, principalmente aos vendedores. Vemos, em todos os seguimentos de vendas, grande parte dos colaboradores em um estado de estagnação. Por isso, poucos são os que conseguem se tornar campeões e poucas são as pessoas de sucesso.

Faça algumas perguntas a si mesmo e, depois, somente depois, olhe à sua volta e procure responder às mesmas perguntas sobre seus colegas de trabalho, para ter uma ideia do ambiente que você frequenta.

» A CIÊNCIA E A ARTE DE VENDER

Muitas pessoas acham que ser bom em alguma coisa é questão de talento: aquele dom divino que recebemos ao nascer que nos conduz ao sucesso de maneira quase mágica.

Bem, sim, às vezes, é uma questão de talento. Mas o foco que as pessoas perdem ao falar de talento é que ele, assim como qualquer habilidade ou competência, precisa ser **desenvolvido**. Em uma analogia simples, o talento nada mais é do que uma semente: se você não plantá-la em um solo fértil, não se dedicar a adubar a terra e a regá-la todos os dias, a semente não germina. E, a essa altura, eu espero que você tenha entendido bem que o que dá fruto não é a semente, mas a árvore que, por sua vez, é resultado de muito esforço e dedicação.

O talento ainda é muito abordado como uma proeza que não exige esforço. Quantas horas por dia você acha que atletas como Neymar, Cristiano Ronaldo e Lionel Messi tiveram que treinar para chegar aonde chegaram? Meu amigo, se você acha que a jornada desses caras foi fácil, você está redondamente enganado.

Assim como a rotina de um atleta exige muito preparo, esforço e dedicação, a rotina de um vendedor não é diferente.

Vender pode ser, sim, uma questão de talento, mas só isso não basta. Da mesma maneira que alguém talentoso simplesmente não conquista nada sem aprimorar suas habilidades, você não vai conquistar nada se não se dedicar ao seu desenvolvimento, tenha nascido com talento ou não.

Você precisa entender que quem se dedica a melhorar a cada dia estará muito à frente de quem é talentoso e resolveu ficar sentado no sofá porque achou que já era "bom o suficiente". Isso acontece porque o talento, assim como qualquer habilidade, precisa ser desenvolvido.

Eis algumas recomendações de hábitos para você melhorar suas habilidades como vendedor:

- Assinar uma revista de vendas;
- Praticar técnicas diferentes do que está acostumado;
- Analisar outras estratégias de vendas;
- Conversar com seus amigos, familiares e vizinhos sobre experiências de compra e atendimento que tiveram;
- Desenvolver o hábito de ler a respeito do tema "vendas" com frequência (meu blog é uma excelente opção);
- Compartilhar experiências com outros vendedores.

A mesma coisa acontece com vendas: se você não praticar, não vai ficar bom no que faz. Anote a seguinte frase no espelho do seu banheiro: "Vender é arte e ciência: só fica bom quem pratica." Quero que você olhe para essa frase todos os dias quando acordar e lembre-se de dar sempre o seu melhor, porque, se não o fizer, não será um bom vendedor.

> É por meio da dedicação constante que conquistamos os resultados.

Muita gente ainda acha que vender é uma dádiva dos céus e fica refém do pensamento limitador de que não vai conquistar melhores resultados porque não tem o dom. Pior ainda, tem gente que tem vergonha de dizer que é vendedor, porque acha que é profissão de quem não conseguiu nada melhor.

Se você continuar nesse barco, esteja preparado para afundar muito em breve. Esse tipo de pensamento é que é vergonhoso. Com essa mentalidade, a única coisa que você vai conseguir é frustração.

Portanto, trate de mudar essa mentalidade derrotada e passe a olhar para frente. Vou lhe apresentar as quatro principais dicas para vender como um verdadeiro profissional em vendas. Sim, **profissional em vendas**. Se esse não for seu objetivo, vá assistir à sua novelinha, porque este livro NÃO É PARA VOCÊ!

A primeira coisa que você precisa fazer é mudar sua postura e **decidir** que vai ser um vendedor melhor. Com as técnicas de vendas que apresentarei aqui, você verá excelentes ideias que tive a oportunidade de testar na prática e que ensino há muitos anos em meus treinamentos.

Você pode sentir dificuldade no começo. É normal. O mais importante é manter o foco e trabalhar todos os dias para se tornar cada vez melhor.

Então, vamos analisar brevemente as quatro principais dicas para vender como um profissional. Elas são:

1. **Não se pareça com um vendedor**

   Bom negociante é aquele que não parece estar negociando. Lembre-se disso quando estiver contornando as objeções do cliente;

2. **Não venda produtos nem serviços, mas sonhos e experiências**

   Um bom vendedor não vende produtos nem serviços; vende experiências e realizações. Concentre-se em sanar a dor do cliente;

3. **Seja um especialista**

   A maneira como o consumidor enxerga você é a maneira como você se apresenta para ele. Não seja alguém que vende produtos; seja um especialista na sua área;

4. Treine antes de jogar

Pratique antes de entrar em campo para aumentar suas chances de vencer o jogo. Trate sua profissão com seriedade para obter excelentes resultados.

Agora, vamos analisar cada uma delas com mais detalhes.

1) Não se pareça com um vendedor

Parece contraditório, eu sei, mas a imagem que a maioria das pessoas têm de um vendedor é de um cara chato, insistente e enganador. Quando digo que você não deve se parecer um vendedor, estou orientando que você seja alguém que soluciona problemas, em vez de alguém que vende coisas. Dessa forma, o cliente vai se sentir seguro, porque você não está apenas empurrando algo para ele levar, mas sanando uma dor real dele.

A arte de vender é a arte de resolver problemas. Você quer lucrar, e o cliente quer ter um desejo atendido. Você apresenta uma proposta que fica boa para ambos e, assim, está melhorando a vida do consumidor. Isso é gerar valor para o cliente.

Bom negociante é aquele que não parece estar negociando, nunca se esqueça disso. A essência de um bom vendedor é oferecer soluções, não comercializar produtos. Ninguém gosta do estereótipo de vendedor chato, então você deve sempre o evitar.

> Concentre-se em gerar credibilidade e conquistar a confiança do cliente para se tornar um vendedor excepcional.

A ideia é que você seja um conselheiro: alguém em quem o cliente confie e com quem se sinta seguro. Dessa forma, estará pensando no longo prazo e construindo uma reputação, que é uma das coisas mais importantes para um vendedor.

Você precisa solucionar um problema real. Do contrário, o cliente não vai voltar e ainda vai fazer propaganda negativa de você e da sua empresa. E imagem ruim no mercado é certeza de falência, meu amigo.

Concentre-se nessa primeira dica para fidelizar cada vez mais clientes e aumentar a lucratividade do seu negócio;

2) Não venda produtos nem serviços, mas sonhos e experiências

O segredo aqui é pensar de maneira ampla. Quem foca vender produtos pode até vender o bastante, mas nunca alcançará a excelência. A chave para construir uma grande empresa é vender sonhos e experiências para os consumidores.

O primeiro fator necessário para tal é entender seus clientes. O que eles fazem, por que fazem, quando fazem, do que gostam, do que não gostam etc. Dessa forma, você estará cada vez mais apto a vender soluções eficazes.

Tome como exemplo um corretor de imóveis. Analise a tabela a seguir para entender melhor como funciona essa estratégia:

›› CORRETOR DE IMÓVEIS

Produto que comercializa	casas, apartamentos, moradias em geral.
Sonho que vende	a primeira casa própria, saída do aluguel, um lugar que o cliente possa chamar de seu.
Experiências que proporciona:	independência e liberdade do cliente.

A característica que mais aproxima o cliente do vendedor é a empatia. Converse com seu cliente, entenda o que o incomoda e quais são seus maiores sonhos. Dessa forma, você consolidará um relacionamento com ele, que sempre se referirá a você como alguém agradável e de confiança.

> ⚠️ **IMPORTANTE**
>
> A maior virtude de um vendedor excepcional é ser especialista em **pessoas**.

Na maioria das vezes, as pessoas não compram produtos ou serviços, mas experiências de vida. Guarde essa frase com você;

3) Seja um especialista

O objetivo deste livro é ajudá-lo a se tornar um especialista em vendas. O problema é que seu cliente provavelmente deve achar que esse é apenas um título mais bonito para vendedor.

A questão aqui é você se apresentar como um especialista para transmitir credibilidade. As pessoas se sentem mais confortáveis em consultar autoridades do mercado, e você deve ser uma delas para ser um vendedor acima da média.

Por exemplo, imagine que você é vendedor em uma concessionária de automóveis e se apresenta da seguinte forma para um cliente que acabou de entrar na loja: "Boa tarde, posso ajudar? Meu nome é Fulano, sou especialista em mecânica de veículos automotivos. Se precisar de alguma coisa, terei o maior prazer em ajudá-lo."

É ou não é uma abordagem muito melhor do que: "Sou especialista em vendas, qualquer coisa é só chamar?" Existem inúmeras vantagens em ser um vendedor especialista. Algumas delas são:

- Despertar a curiosidade do cliente;
- Transmitir confiança como autoridade no assunto;

- Mostrar que você é competente e bem entendido sobre o produto;
- Deixar claro que você não é mais um vendedor comum;
- Evidenciar o quanto você leva a sério sua profissão.

O elemento-chave dessas características é a segurança que você transmite. Isso é muito importante para conquistar o cliente, que, muitas vezes, tem receio de ser atendido por aquele vendedor chato que só quer empurrar alguma coisa inútil.

Para ter um desempenho acima da média, você precisa estar acima da média. E, para isso, precisa se especializar naquilo que faz. Portanto, se quer ser um vendedor que bate as metas com frequência e evoluir cada vez mais, precisa investir em você, e a melhor forma de fazê-lo é se especializando, tanto em vendas quanto em alguma área relacionada ao mercado em que atua;

4) Treine antes de jogar

Falamos muito a respeito do quanto é importante que você pratique suas habilidades como vendedor para se tornar cada vez melhor. De nada adianta nascer com talento e não o desenvolver. É certo que algumas pessoas demonstram uma capacidade quase nata e impressionante de fazer algo com muita facilidade, mas elas são a minoria.

A boa notícia é que, mesmo que você não faça parte dessa minoria privilegiada com um talento fora do comum, pode praticar e se tornar excelente em qualquer coisa. Com vendas não é diferente.

A essência dessa dica é lembrar que você precisa **treinar** para ficar bom naquilo que deseja, no caso, em vender. A questão é: Como fazer isso? Seguem algumas dicas:

- **Leia livros e revistas**

    A leitura é uma das principais fontes de se obter conhecimento. Procure títulos clássicos da área de vendas, persuasão, comunicação etc. e leia, sempre que possível, revistas sobre o mercado em que você atua para se manter informado.

    Não estou propondo que você passe a ler muitas horas por dia, mas que adquira esse hábito para estar sempre antenado às novidades. Se você é daqueles que não aprecia uma boa leitura, quanto antes se acostumar, melhor. De 15 a 30 minutos por dia é um excelente começo;

- **Faça cursos que complementem seus conhecimentos**

    Aquela história de se formar na faculdade, arrumar um emprego, trabalhar direitinho, e esperar ser promovido, acabou. O mundo mudou, e você precisa se adaptar a ele. Cada vez mais as empresas precisam de colaboradores que estejam atualizados.

    Por isso, procure fazer, pelo menos, de um a três cursos adicionais por ano. Isso não significa abrir mão da sua vida em prol do trabalho, mas buscar se aprimorar naquilo que faz. Não precisa ser um curso extenso. Às vezes, um curso de uma ou duas semanas já faz uma diferença enorme. O foco aqui deve ser a qualidade, não a quantidade;

- **Converse com pessoas do mercado em que você atua**

    Hoje, com a internet e as redes sociais, não existe mais desculpa para não buscar a experiência de quem fez e faz. Em vez de passar horas no Facebook preocupado com a vida daquele seu amigo que em nada lhe acrescenta, experimente procurar os perfis de gestores e pessoas que trabalham no mesmo mercado que você, independentemente da hierarquia.

    Essa troca de experiências é muito importante, não apenas para você, mas para a pessoa com quem você está conversando.

O aprendizado acontece mais rápido e naturalmente por meio dessa troca de ideias. Assim como você vai aprender muito, também vai ensinar muito, e isso, antes de mais nada, ajuda a preservar a motivação;

- **Assista a filmes e documentários que estejam relacionados ao seu trabalho**

Acredito que esta seja uma das recomendações mais simples, principalmente se você ainda não é um adepto das anteriores. Assistir a um filme é sempre muito bom, então que tal transformar essa experiência em algo que agregue valor para você?

Em vez de assistir sempre às mesmas coisas que está acostumado, procure um filme ou documentário que esteja relacionado ao que você faz, seja você um gestor ou vendedor. Hoje, com as plataformas de streaming, ficou muito mais fácil. Aproveite para usar essas ferramentas digitais a seu favor.

Lembre-se sempre de que nenhuma grande conquista vem sem dedicação. É o seu empenho que vai definir seus resultados. Como disse Thomas Edison: "Talento é 1% inspiração e 99% transpiração." Portanto, concentre-se em se tornar um excelente vendedor para se sobressair na multidão de vendedores medíocres.

»» PERGUNTAS

- Há quanto tempo você não faz um curso?
- Há quanto tempo você não paga por um curso? (Muitas pessoas os fazem "obrigadas" pela empresa, mas, se dependesse apenas delas, não os fariam.)
- Quantos livros você lê por ano? Quais?
- Você assina alguma revista relacionada ao seu desenvolvimento profissional e pessoal?

- Você recebe *newsletters* de sites relacionados ao seu desenvolvimento pessoal e profissional?
- Você controla seus números?
- Quanto você ganhou de comissão no último ano?
- Quantos clientes você ganhou e quantos você perdeu no ano passado?
- Quais são os seus cinco principais clientes? (por faturamento)
- Quanto tempo leva para vender para um novo cliente?

Muitas vezes, o vendedor fica esperando pela empresa, esperando que o ambiente mude, para que ele mude também. Vendedores de sucesso não esperam que o cenário mude, eles mudam o cenário! Lembre-se:

> Se você não está obtendo os resultados que gostaria, pare de olhar pela janela e comece a olhar para o espelho. É muito provável que o problema esteja em você, e não nos outros.

» FRASES TÍPICAS DE VENDEDORES COMUNS

- A empresa não investe em mim, por isso eu não rendo mais;
- Quando os preços abaixarem, eu vou vender mais (aí, qualquer um vende!);
- Eu estou no ramo há 30 anos, já sei de tudo, não preciso de curso. Eu deveria estar dando esse curso!
- Fazer curso à noite? Depois de trabalhar o dia inteiro? Eu quero é tomar minha cervejinha!
- Escrever relatório? Meu gerente nunca lê mesmo!

- Eu, pagar para fazer esse curso? A empresa deveria pagar. Se ela não está interessada, você acha que eu estou?

Todas essas perguntas se referem ao lado da consciência do vendedor. Se você lê um livro, assiste a um curso ou palestra, começa a se sentir "incomodado", pois nota que é preciso sair da "zona de conforto". Isso é muito positivo, mas pode ser somente um resultado "anestésico". Somente quando saímos da inércia é que o "medo" vai embora.

Para que exista realmente uma mudança, é preciso transformar o que aprendemos em ação. É preciso transformar a maneira de se sentir. Se mudamos somente o consciente e não mudamos o sentir, falamos o que pensamos, mas agimos como ainda sentimos!

> O ser humano fala o que pensa e age de acordo com o que sente!"
>
> *Paulo Gaudêncio*

Quando precisamos assumir as responsabilidades, colocar em prática aquilo que aprendemos, muitas vezes, percebemos que efetivamente não mudamos, que estamos ainda na "zona de conforto". Essa "zona" é extremamente agradável e segura, pois aí está um "lugar" no qual fazemos somente aquilo que sabemos, sem nenhuma preocupação com sermos julgados ou "perdermos" a batalha. Isso limita o crescimento, pois não passamos do nosso "pseudolimite".

Se já praticou exercícios físicos de médio para alto rendimento, sabe exatamente do que estou falando. Sou praticante de jiu-jítsu há 12 anos e faixa-preta pela equipe AOA, e lá pude conhecer meu amigo e professor, Ricardo Pereira, que sempre dizia que, quanto mais eu treinasse, quanto mais eu me entregasse ao treino em um dia, mais eu renderia no outro. Com dedicação, meu rendimento seria sempre melhor. E isso foi como uma profecia: quanto mais eu exigia do meu corpo, mais ele dava respostas positivas logo adiante.

Com nossa mente é igual: quanto mais exigimos dela, mais ela trará resultados, e maior será o rendimento.

O homem vai mais longe depois de estar cansado.

Portanto, para que haja uma mudança no campo das emoções, do sentir, é preciso uma liderança das próprias emoções.

» LIDERANÇA INTRAPESSOAL

Esta é a liderança do próprio indivíduo, por meio da qual ele consegue administrar ansiedades, frustrações, metas e objetivos, e tem como principal característica o poder de mudar e evoluir a cada dia. Essa pessoa sente um "desconforto" positivo que todo campeão sente. Suas outras características são:

- Consegue lidar com seus conflitos internos;
- Possui alto poder de autoavaliação;
- Administra suas metas e seus objetivos de forma automotivadora;
- Cria cenários mentais positivos de suas ações;
- Confia em seus instintos;
- Tem pensamentos positivos;
- Possui um "tubarão emocional".

» O TUBARÃO! O "MEDO" DO CAMPEÃO!

Assim como para que uma negociação exista deve haver sempre um conflito, para que haja mudanças, sempre deve haver uma **consciência da insatisfação**. Nós não mudamos se estivermos "confortáveis". No livro *Mudar e Vencer*, do psiquiatra e escritor Paulo Gaudêncio, ele relata um momento de mudança crucial em sua vida e nos conta uma pequena história que ilustra esse "medo", esse "desconforto" bom e necessário para o vendedor.

> " Um país costuma treinar sua equipe olímpica de natação soltando um tubarão na piscina. Até hoje, ninguém foi para as Olimpíadas, mas quem conseguir sobreviver..."
>
> Paulo Gaudêncio, *Mudar e Vencer*, p. 23

Portanto, esse tubarão da história acima é o "tubarão emocional" que os vendedores campeões possuem. É esse "medo" que desencadeia o processo de mudança e faz com que ele queira, a cada dia, buscar resultados, recompensas financeiras e pessoais, e que tenha o "entusiasmo" de vender e o orgulho em dizer: "Eu sou vendedor!"

O vendedor tem que ser alguém "incomodado", "inquieto" emocionalmente, uma pessoa com senso de urgência. Aquela frase "Em time que está ganhando não se mexe" mudou para "Em time que está ganhando **SE MEXE SIM!**". O sucesso de hoje não garante o sucesso de amanhã!

> " Daqui a cinco anos, você estará bem próximo de ser a mesma pessoa que é hoje, exceto por três coisas: os livros que ler, as ações que tiver e as pessoas de quem se aproximar!"
>
> Charles Jones

Bom, meus amigos gestores e vendedores, espero que este livro tenha ajudado vocês a melhorarem, aprimorarem e inovarem a maneira de vender. Que este livro tenha despertado, antes do conhecimento, a cultura de sempre estar se aprimorando e buscando alternativas, métodos, métricas e estilos de vendas e gestão. Que você seja um embaixador de novas ideias em vendas, pois o profissional que está envolvido com vendas é um profissional único, responsável pela vida de milhares de pessoas em suas organizações.

Sem você, vendedor, sua empresa para, morre, perde seu sentido de existência. Mas, para que minhas palavras sejam confirmadas, é preciso que você **ACREDITE** ser realmente responsável por isso.

Tenha orgulho de ser vendedor, acredite que você pode ganhar muito dinheiro com isso e, ainda, ser feliz!

Apesar de meu livro ser um livro técnico, o que vai fazer todo o material lido se transformar em resultado e dinheiro é o seu empenho, a sua atitude e o seu poder de fazer as coisas acontecerem.

Sucesso só vem antes do trabalho no dicionário!

Não busque o sucesso, não acredite que ele seja um objetivo, porque o sucesso é o próprio caminho!

Seja o melhor vendedor do seu departamento; então, seja o melhor vendedor da sua região; o melhor vendedor da sua empresa; o melhor vendedor de todo o seu segmento e, só depois, seja o melhor vendedor do mundo! Mas, antes de tudo, **COMECE**!

Sucesso e vamos para cima, pois é isso o que importa!

> "A vida é uma peça de teatro que não permite ensaios. Por isso, cante, chore, dance, ria e viva intensamente, antes que a cortina se feche e a peça termine sem aplausos."
>
> *Charles Chaplin*

REFERÊNCIAS BIBLIOGRÁFICAS

CANDELORO, R. *Coleção Passos da Venda*. Curitiba: Quantum, 2006.

FRAZÃO, C. *Show em Vendas:* verdades, mitos e mentiras em vendas. São Paulo: Harbras, 2005.

_____. *Como Formar, Treinar e Dirigir Equipes de Vendas*. 3 ed. São Paulo: Harbras, 2008.

GAUDÊNCIO, P. *Mudar e Vencer.* São Paulo: Gente, 1999. GITOMER, J. *A Bíblia de Vendas.* São Paulo: M. Books, 2005.

JUNIOR, F. M. C. *Apostila do Curso Formação e Capacitação de Vendedores:* Habilidades Sociais. [s.n.: e.d.].

KOTLER, P.; ARMSTRONG, G. *Princípios de Marketing*. Rio de Janeiro: LTC, 1999.

PEYROTON, J. R. (Org.). *Pequeno Manual de Qualidade de Vida, Frases que Podem Mudar um Destino*. Campinas: United Press, 1999.

SCHIFFMAN, S. *The 25 Sales Habits of Highly Successful Salespeople*. 3 ed. MA, USA: A Business, 2008.

TEJON, J. L.; LOPES, Edilson. *As 7 Descobertas para Construir uma Poderosa Máquina de Vendas*. São Paulo: Gente, 2010.

VENDAMAIS. Curitiba: Quantum, n. 168, ano 14, abr. 2008.

YANAZE, M. H. *Gestão de Marketing e Comunicação – avanços e aplicações*. São Paulo: Saraiva, 2007.

Internet

http://www.lambent.com/PDF/BR_What%20is%20coaching.pdf. Acessado em: 05/11/2011.

http://www.administradores.com.br/informe-se/artigos/quem-sao-seus-concorrentes/872/. Acessado em: 04/10/2011.

http://www.administradores.com.br/informe-se/carreira-e-rh/facebook-e-o-preferido-dos-recrutadores-de-acordo-com-pesquisa/49444/. Acessado em: 05/11/2011.

http://www.lideraonline.com.br/php/materia.php?id=44080. Acessado em: 04/09/2011.

http://ideiasevendas.blogspot.com/2007/12/campanhas-de-incentivo-dicas-de-uso. html. Acessado em: 16/08/2011.

http://www.caliper.com.br/novo_site/pdf/Relatorio_Competencias_Vendas.pdf. Acessado em: 06/11/2011.

CONHEÇA OUTROS LIVROS DA ALTA BOOKS

Todas as imagens são meramente ilustrativas.

Livros:
- O FIM DA IDADE MÉDIA E O INÍCIO DA IDADE MÍDIA — Walter Longo
- INSIGHTS PARA UM MERCADO EM TRANSIÇÃO — Walter Longo
- PAPO RETO: A VIDA SEM MIMIMI — Kadú Phentel
- DE ZERO A 50 MILHÕES — Theo Orosco
- O QUE AS ESCOLAS DE NEGÓCIOS NÃO ENSINAM — José Salibi Neto & Sandro Magaldi
- LÍDERES DIGITAIS — Gabriel Lima
- MASTER SELLING — Marcelo Ortega
- DESVENDANDO A CAIXA-PRETA DO SUCESSO — Edgar Ueda, Luis Paulo Luppa
- O CÓDIGO SECRETO DA VENDA — Jorge Menezes

CATEGORIAS
Negócios - Nacionais - Comunicação - Guias de Viagem - Interesse Geral - Informática - Idiomas

---

SEJA AUTOR DA ALTA BOOKS!

Envie a sua proposta para: autoria@altabooks.com.br

Visite também nosso site e nossas redes sociais para conhecer lançamentos e futuras publicações!

www.altabooks.com.br

ALTA BOOKS EDITORA

/altabooks ▪ /altabooks ▪ /alta_books

CONHEÇA OUTROS LIVROS DA ALTA BOOKS

Todas as imagens são meramente ilustrativas.

CATEGORIAS
Negócios - Nacionais - Comunicação - Guias de Viagem - Interesse Geral - Informática - Idiomas

SEJA AUTOR DA ALTA BOOKS!

Envie a sua proposta para: autoria@altabooks.com.br

Visite também nosso site e nossas redes sociais para conhecer lançamentos e futuras publicações!

www.altabooks.com.br

ALTA BOOKS
EDITORA

/altabooks ▪ /altabooks ▪ /alta_books

Este livro foi impresso nas oficinas gráficas da Editora Vozes Ltda.,
Rua Frei Luís, 100 – Petrópolis, RJ.